La desinformación como instrumento para imponer la perspectiva de género en el sistema escolar

Lcda. Myrna Y. López-Peña, JD, MAP, MLL

Cynthia A. Berríos Reyes, PhD.

La desinformación como instrumento para imponer la perspectiva de género en el sistema escolar

Lcda. Myrna Y. López-Peña, JD, MAP, MLL

Cynthia A. Berríos Reyes, PhD

Título original: La desinformación como instrumento para imponer la perspectiva de género en el sistema escolar

Agradecimientos

Deseamos reconocer a las personas que nos alentaron y colaboraron en evaluar, producir el contenido y presentación de este libro. A los amigos de la Alianza de Juristas Cristianos entre ellos su Presidenta, la Lcda. Ivette Montes Lebrón, la Lcda. Rosa Selles, los aliados, el Ingeniero William Del Pilar, el Lcdo. Ramón Solís, el Sr. Raúl Colón, la Sra.Verónica Dávila, la Sra. Rosa Pérez, y la Sra. Thomasina Middlebrooks.

Agradecemos las recomendaciones de cinco distinguidos profesionales, la periodista Vivian Maldonado Miranda, de la paciente e incansable Editora Gisel Laracuente; y en el diseño de la portada y arte por la Profesora Yanira E. Santana y la revisión de formato por la Profesora Johelyn N. Fernández Rivera y por el formato digital al escritor Dino Alreich.

Gracias a mi esposo Michael González Betancourt quien estuvo cuidándome en medio de la enfermedad que estoy batallando y dándome ánimo para que no desistiera de este proyecto junto a la Dra. Berríos; el cual tanto ella como yo logramos producir contra toda oposición y adversidad.

A la memoria de David Reimer, quien quiso dedicar su vida para evitar que otros niños vivieran el calvario que él sufrió, criado bajo la teoría de género, pero el daño irreparable que le fue causado terminó con su vida. Su historia y su dolor nos inspiran a levantarnos a educar, para que no se pierda ni una vida más por la teoría de género.

"Sabemos quiénes somos y de dónde venimos... Pero, ¿a dónde vamos? Para saber a dónde se va hay que tener primero la voluntad y la determinación de seguir siendo quien se es. De otro modo, el que llega es otro... Si es que llega alguien. Quien deja de ser, no llega". 1—Ernesto Ramos Antonini

[1]El prócer Ernesto Ramos Antonini, como parte de su discurso *"Operación igualdad"*, expresó estas palabras el 12 de agosto de 1958 ante el Club de Leones de Mayagüez, y cuatro años después en unos actos de graduación en la Universidad Interamericana de Puerto Rico. Vea: http://disquisicionestrascendentes.blogspot.com/2016/03/la-escritura-en-la- pared_12.html
También en:http://disquisicionestrascendentes.blogspot.com/?view=classic

Prefacio

La lucha por instalar la perspectiva de género como régimen educativo y sistema político es un grave problema mundial. Sus proponentes han avanzado su propósito utilizando como subterfugio la encomiable lucha por los derechos de la mujer, mientras niegan que en la enseñanza de perspectiva de género esté implícita la educación sexual. Este libro les explica por qué se pretende instituir en el sistema escolar una versión amorfa o genérica del sexo humano.

La realidad es que el sexo es lo que distingue al hombre y a la mujer, con características y aspectos anatómicos, reproductivos y comportamientos diferentes. De manera análoga, esas diferencias ocurren entre los machos y las hembras en la mayoría de otras especies del reino animal y aun en las plantas del reino vegetal. Esto es lo que en la biología se conoce como *dimorfismo sexual*, es decir, la cualidad en una especie en la que aparecen dos formas o dos aspectos diferentes en su anatomía.[2]

Muchos animales y hasta insectos presentan conductas distintas, sin que haya una sociedad o cultura que se las imponga. Por ejemplo: el gallo canta, la gallina cacarea; la mosquita pica, se alimenta de sangre, y el mosquito es vegetariano. Los proponentes de la ideología de género perciben esto como los roles que la sociedad o la cultura les impone al varón y a la mujer por razón de su sexo. Ese punto de vista constituye una media verdad. Esto es correcto cuando se trata de las capacidades vocacionales, socioeconómicas y políticas, pero es incorrecto cuando se trata de la esencia del ser de cada sexo.

La ideología de la perspectiva de género es otra teoría más, una suposición o proposición, mientras que el dimorfismo sexual en la especie humana es un hecho cierto, observable, corroborado y validado por las ciencias naturales. Por ejemplo: la estructura craneal, al

[2]http://www.wordreference.com/definicion/dimorfismo

igual que los órganos reproductivos de los seres humanos, y otras características óseas de estos, exhiben unas diferencias que hasta permiten a las ciencias forenses identificar el sexo en los restos de un cadáver y, eventualmente, esclarecer la identidad de un occiso por su osamenta. La capacidad y forma del hueso de la pelvis de la mujer, por lo general está diseñada para dar paso al nacimiento de otro ser, no así la del hombre. (Es por esto último que escogimos una ilustración de una pelvis sana de mujer y otra de hombre para nuestra portada.)

Injustamente se ha coartado el desarrollo pleno de la mujer por razón de su sexo. A esto algunos le han llamado *determinismo biológico*, y para combatir este mal llamado determinismo biológico, se han ido al extremo con las teorías "genéricas" o de *género*. Esa ideología política trata de erradicar o, al menos, alterar la identidad que el sexo biológico nos brinda como seres humanos, mediante la manipulación de la psiquis del ser humano en su temprana niñez. Pretende implantar conceptos fundamentados en meras opiniones que no tienen validez científica alguna. Son teorías o ideas que, además, fomentan la pretensión de apariencias estéticas modificadas quirúrgicamente, vestimentas, maquillajes, estados de ánimos, cambios en el lenguaje y hasta en documentos de identificación de la persona, etc., para borrar lo imborrable.

Esta publicación les ayudará a comprender cómo la filosofía de género invisibiliza a la mujer, por lo que incluso muchas feministas repudian el uso del término *género*. Ese concepto nada tiene que ver con la igualdad de oportunidad de poder social, económico y político a los que toda mujer y todo hombre tienen derecho a aspirar. Contrario a lo que la propaganda les hace pensar, les expondremos cómo las propias feministas resisten y resienten la manipulación morfológica o la modificación que experimentan los hombres en su interés de convertirse en mujeres "genéricas". Varias feministas de renombre consideran un acto osado y pretencioso de marcado odio y rechazo hacia las mujeres, el hecho de que hombres quieran suplantarlas y se "transformen en mujeres", entre otras cosas.

En este libro exponemos que la perspectiva de género como ideología política, es la intromisión indebida más brutal del Estado a los derechos no delegados por el pueblo en su pacto social con el Estado. Los proponentes del concepto de género pretenden alterar la psiquis de nuestros hijos mediante la enseñanza de la perspectiva de género, y dan como pretexto los derechos de la mujer y la necesidad de educar para la igualdad entre la mujer y el hombre.

Estamos de acuerdo con eliminar el discrimen contra la mujer; no obstante, una cosa es educar para la justicia y combatir el discrimen contra la mujer por razón de su sexo, y otra cosa es suplantar el sexo por las teorías o meras ideas de género para imponer perspectivas distorsionadas, tales como: **a)** que se eduque a los niños y las niñas de que pueden identificarse con el sexo que prefieran; sexo de varón o de hembra, masculino y femenino, u hombre o mujer, o ambos al mismo tiempo; **b)** que, al indicarse el sexo de la criatura al nacer, en su certificado o acta de nacimiento, se le cause un daño irreparable. Por el contrario, esa cosmovisión de la perspectiva de género es un atentado contra el respeto a la dignidad humana que cada mujer y cada hombre se merece por razón de su sexo, raza, color, nacionalidad, o por el simple hecho de cómo sean sus cuerpos al momento de nacer.

Hemos ido a la fuente de donde ha salido toda esta confusa visión de la sexualidad humana. Les traemos datos reveladores sobre los serios problemas emocionales y de conducta de los creadores de las teorías de género y orientación sexual: el doctor John Money y el doctor en zoología Alfred Kinsey, conocido como el padre de la sexología. Veremos cómo estos plasmaron sus fantasmas interiores, proliferando sus desvaríos en los demás, hasta hoy.

Por otra parte, ilustraremos cómo los

activistas sexuales usan de *chivo expiatorio* o víctima a los grupos religiosos cristianos, para desviar la atención pública y crear animosidad contra estos. Se proponen inflamar la retórica del fundamentalismo religioso para justificar una persecución religiosa, mientras avanzan sus verdaderas intenciones. La desinformación es tan sutil que aun algunas universidades cristianas han caído en la tendencia de sembrar esa ideología persecutoria en los futuros profesionales que han de influenciar y dirigir los pueblos.

Hemos escogido uno de tantos artículos de ideologías del género que circulan en las universidades, para deconstruir su discurso y demostrar la desinformación con la que los activistas sexuales y la comunidad homosexual han logrado seducir la política pública. Se trata del artículo "La lucha por la perspectiva de género", el cual se caracteriza por reflejar un ataque virulento contra cristianos, en particular hacia los católicos. Penosamente hay que decir que ese artículo de la autoría de una doctora en psicología, se publicó en una revista educativa de una universidad fundada por cristianos.

Aunque partimos de la información que circula en Puerto Rico, nuestro análisis tiene vital pertinencia en otros países porque los argumentos y las tácticas de desinformación sobre género por parte de los activistas sexuales, son esencialmente los mismos a nivel mundial.

Somos conscientes de que este tema es muy amplio, por lo que no pretendemos cubrirlo todo. Nuestro objetivo es proveerle al lector unas herramientas básicas para identificar y confrontar la desinformación en la propaganda "educativa", comenzando con aclarar el verdadero origen del concepto *género* y cuál es la agenda subyacente con la enseñanza de la perspectiva de género. Esta aclaración es vital para una sana administración de la justicia en los tribunales y la política pública de cualquier país.

ÍNDICE

Introducción

Este escrito tiene el propósito de exponer públicamente y desmentir los argumentos falsos que han circulado en las universidades y, por consiguiente, vienen afectando la sana política pública, en particular la educación de menores en torno al fenómeno conceptual de *género*. Un excelente ejemplo de esa práctica incorrecta es el artículo "La lucha por la perspectiva de género", de la doctora Vivian Rodríguez del Toro, catedrática de la Escuela de Psicología de la Universidad Interamericana de Puerto Rico, publicado en *Kálathos: Revista Transdisciplinaria Metro-Inter*, Vol. 5(1), el 5 de mayo de 2011.[3]

Dicho artículo es la reacción de la doctora Rodríguez, estudiosa del tema de género, a una noticia del periódico *El Visitante* de la Iglesia Católica. En el escrito plantea su preocupación

---

[3] Rodríguez del Toro, V. *La lucha por la perspectiva de género*
http://kalathos.metro.inter.edu/Num_9/La%20lucha%20por%20la%20perspectiva%20de%20genero.pdf
También en:
http://kalathos.metro.inter.edu/kalathos_mag/publications/archivo1_vol5_no1.pdf

por "la desinformación" que, según afirma, los religiosos han expresado en ataques virulentos, despiadados e irracionales en contra del concepto de género. Cabe preguntar: ¿qué es desinformación?

Dezinformatsia es una palabra originada por el Servicio Secreto Soviético y significa "el arte de la propagación de información falsa, con el fin de crear confusión en la opinión pública".[4] A veces las fuentes probablemente no tengan intención de engaño o manipulación, pero su mensaje es parcial, erróneo u oculta aspectos importantes.[5]

¿Quiénes son los que desinforman? Demostraremos que artículos como el de la doctora Rodríguez del Toro son solo una propaganda; de hecho, su artículo contiene al menos doce elementos de desinformación.

---

[4] Jacquard, Roland, *La desinformación: una manipulación del poder* (Madrid: Espasa Calpe, 1988), citado por Rivas Troitiño en *Desinformación: Revisión de su significado. Del engaño a la falta de rigor* http://revistas.ucm.es/index.php/ESMP/article/download/ESMMP9595110 075A/13103

[5] Rivas Troitiño, Id.

Además, está carente del rigor científico más básico, lo que desinforma a los estudiantes y a la Academia en general. Nos preguntamos cómo es posible que escritos así puedan publicarse como material de nivel universitario. La respuesta es sencilla: la junta editora cuenta con algunos miembros que comparten esa misma visión en defensa del concepto de género. Entre ellos está el doctor Rafael Aragunde,[6] exsecretario de Educación, quien fue el pionero en intentar la infiltración de la perspectiva de género en el sistema escolar mediante la Carta Circular Núm. 3 del 23 de julio de 2008.[7] Es precisamente esa carta la que defiende Rodríguez en su artículo. Al presente dicha carta fue sustituida por la Carta Circular Núm. 19-2014-2015,[8] que aunque aparenta ser más mesurada en su lenguaje, en esencia el plan de

---

[6] http://kalathos.metro.inter.edu/junta_editora.asp
[7] Carta Circular Núm. 3- 2008-2009, http://www.institutodelgenero.com/wp-content/uploads/2013/10/DE-Carta-Circular-Perspectiva-de-g%C3%A9nero.pdf
[8] *Nueva política de equidad de género para escuelas del sistema educativo público.* El 26 de febrero de 2015, http://www.victoria840.com/nueva-politica-de-equidad-de-genero-para-escuelas-del-sistema-educativo-publico/

los proponentes es el mismo.

El debate sobre el tema sigue vigente. Por ello, deseamos aportar argumentos y análisis de esta controversia a nuestros lectores. La nueva carta circular suavizó el lenguaje explícito de la de 2008, la cual indicaba expresamente que los niños podían escoger su género sin estar atado a su sexo biológico. La presión pública de la inmensa mayoría contra dicha carta en el año eleccionario 2008, se convirtió en un eje político que contribuyó a que el partido en el poder perdiera las elecciones. La nueva carta ahora solo dice que perspectiva de género se refiere al enfoque teórico de análisis que facilita repensar las construcciones sociales y culturales de la distribución del poder entre hombres y mujeres, y que afectan de manera directa **las formas de relacionarse de las personas en todos los ámbitos**. Suena muy elocuente y neutral a los fines de educar sobre la igualdad de ambos sexos en asuntos político-económicos. Sin embargo, esa última frase es ambigua y deja el espacio suficiente para introducir las conductas sexuales que realmente se proponen; después de todo, el acto sexual es uno de los ámbitos en los que se relacionan las personas.

La doctora Rodríguez del Toro hace la acusación de que los oponentes a la perspectiva de género recurren a la desinformación; sin embargo, en su escrito no demuestra en qué consiste la falsedad o el error del contenido en las expresiones de los oponentes, para sostener su conclusión de la alegada desinformación. Tampoco cita hechos ni investigación de unas alegadas conductas agresivas que se les imputan a los oponentes, para sostener tales acusaciones, de modo que el lector pueda corroborar sus conclusiones de manera independiente. En lugar de esto lo que hizo fue emitir su reacción a unas expresiones del cardenal Antonelli, publicadas en el periódico *El Visitante*.[9] De ahí, erróneamente, ella generaliza que los miles de personas, intelectuales, profesionales de todas las ramas del saber, familias, grupos civiles y

---

[9] Maldonado Miranda, V. Vuelven con la "perspectiva de género". Periódico *El Visitante*, 29 de septiembre del 2009, San Juan, Iglesia Católica.

grupos religiosos alrededor del mundo que se oponen a la enseñanza de género, son "religiosos", "fundamentalistas", "retrógrados", "misóginos" y "homofóbicos" [sic] (homo-sexual-fóbicos).

Analizaremos, con argumentos fundados en datos y hechos, las razones de los opositores para rechazar este concepto de género en la enseñanza de la niñez. También estableceremos que la postura del escrito de Rodríguez del Toro en defensa del género, parte de un serio error sobre el origen del concepto mismo. Demostraremos que su artículo en defensa del género es solo una expresión de su prejuicio de índole religioso, hacia toda aquella persona o grupos que disienten de la ideología de género.

Por lo tanto, debemos señalar que la suya no es una opinión objetiva, producto de alguna investigación empírica o científica. Ese es precisamente el primer elemento de desin-formación. La doctora Rodríguez del Toro, aunque centra su discurso contra los religiosos, tampoco estudió el contenido de los argumentos religiosos. En este escrito hemos preferido replicar con argumentos y hechos fuera del contexto religioso, limitándonos a datos y planteamientos propios de una discusión universitaria de índole secular, pero sin el beneficio de análisis doctrinal o teológico. Aun así, le recordamos al lector el hecho histórico de que la Universidad Interamericana, entidad publicadora de la revista *Kálathos*, fue fundada en 1912[10] por misioneros fundamentalistas cristianos con el propósito de elevar el nivel intelectual de los puertorriqueños. Si en el presente vemos religiosos "fundamentalistas" participando en el discurso sobre género, esto obedece en gran medida a que los cristianos, lejos de ser retrógrados, han contribuido a elevar el nivel intelectual de nuestro país.

El segundo elemento de desinformación es dar apariencia de ciencia a algo que no lo es. Cuando se publica un escrito en una revista universitaria usando el nombre de Escuela de Psicología, la presunción en la mente del lector,

---

[10] http://www.inter.edu/i/contenido/nuestra-historia

en especial del sector estudiantil, es que se trata de una literatura seria fundada en hechos comprobados en torno al asunto que se diserta, por parte de uno de sus distinguidos profesores. La libertad de cátedra no es una patente de corso para distorsionar la verdad en ciertas materias, como en el campo de la psicología.

Lo que el escrito de Rodríguez del Toro destila es una mera opinión ideológica personal de la autora. Entendemos que ella está en todo su derecho de expresar su punto de vista personal, sus creencias y hasta prejuicios; lo que lo hace impropio es pretender darle apariencia de cientificidad o intelectualidad bajo el manto de una Escuela de Psicología. Cuando se usa el velo de las ciencias y, en este caso, el de la psicología para hacer discursos ideológicos personales, se sigue abonando a la pérdida de credibilidad de la psicología. Esto añade más desconfianza a las ya viciadas ciencias de esta disciplina por parte de grupos de presión política, quienes tomaron el control ideológico de una de las organizaciones de ciencias de la conducta: la American Psychological Association (APA).[11] Como parte de su subjetividad, la doctora Rodríguez del Toro trata de imputar a los oponentes de que la intención de estos es menoscabar los derechos de la mujer, y es por ello que los etiqueta como misóginos. Demostraremos que el concepto de género es intrínsecamente misógino y que lejos de empoderar a la mujer, la invisibiliza. Revelamos por qué el concepto género debe ser erradicado de las decisiones públicas y judiciales.

---

11 Cullinan Hoffman, M., Former president of APA says organization controlled by 'gay rights' movement. A former president of the American Psychological Association (APA), who also introduced the motion to declassify homosexuality as a mental illness in 1973, says that the APA has been taken over by "ultraliberals" beholden to the "gay rights movement," who refuse to allow an open debate on reparative therapy for homosexuality. Dr. Nicholas Cummings was President of the APA from 1979 to 1980, and also served as a member of the organization's Council of Representatives. He served… as Chief of Mental Health with the Kaiser-Permanent Health Maintenance Organization, and is the author of the book *Destructive Trends in Mental Health: The Well-Intentioned Path to Harm*.

https://www.lifesitenews.com/news/former-president-of-apa-says-organization-controlled-by-gay-rights-movement, June 6, 2012 (LifeSiteNews.com).

I.

¿Miedo irracional al concepto de género o neurosis colectiva?

Utilizando el léxico científico el artículo de la doctora Rodríguez del Toro hace una aseveración peligrosa, tipo diagnóstico, de salud mental sobre sus oponentes, como si se tratara de una epidemia. Ella dice: *"Se ha desatado una nueva condición caracterizada por un miedo irracional al concepto género"* (Énfasis suplido). Cabe preguntar: ¿Qué es una condición, según la psicología? Por otro lado, también habla de una "neurosis colectiva" desatada por la Carta Circular Núm. 3 del 23 de julio de 2008, presentada por el exsecretario de Educación, doctor Rafael Aragunde, acerca de la implantación del currículo de la perspectiva de género, según citado. Si a lo que ella se refiere con el término "condición" es a un padecimiento, al estado mental, a un trastorno mental, entonces debemos definir qué es un trastorno mental tomando como referencia el *Manual diagnóstico y estadístico de los trastornos mentales* (5ta ed.) o DSM-5, por sus siglas en inglés. También debemos definir qué es una neurosis colectiva y examinar el alegado miedo irracional que se le imputa a los oponentes del concepto de género. Entendemos que de referirse a tales conceptos, al menos debió definir y explicar su diagnóstico sobre la conducta que observó cómo disfuncional o enfermiza.

El DSM-5 define un trastorno mental como: "un síndrome caracterizado por una alteración clínicamente significativa del estado cognitivo, la regulación emocional o el comportamiento de un individuo, que refleja una disfunción de los procesos psicológicos, biológicos o del desarrollo que subyacen en su función mental. Habitualmente, los trastornos mentales van asociados a un estrés significativo o una discapacidad, ya sea social, laboral o de otras actividades importantes".[12] Un compor-

_____

[12] Trastorno mental según el DSM-5, citado en
http://elpsicoasesor.com/trastorno-mental-segun-el-dsm-5/

tamiento social anómalo (ya sea político, religioso o sexual) y los conflictos existentes entre el individuo y la sociedad, no son trastornos mentales salvo que la anomalía o el conflicto sean el resultado de una disfunción del individuo, como las antes descritas.[13]

De otra parte, la *neurosis colectiva* es definida por Víktor Frankl (citado en Astarita),[14] como: "neurosis que se caracterizan por conductas repetitivas, por el intento del hombre de adaptarse a una sociedad que lo condiciona, dificultando la autorrealización y el despliegue de la libertad y los valores." Esta se caracteriza por cuatro síntomas principales:

1. Una *actitud fatalista*: Se trata de la creencia en el poder del destino, el cual está escrito y no se puede modificar. Los acontecimientos se suceden unos a

---

[13] Id.

[14] Astarita, I. *Aproximación al concepto de neurosis colectivas de Víktor E. Frankl*, https://www.kennedy.edu.ar/DocsDep18/Dossier%20Humberto%20Bono %20(Material%20Bibliogr%C3%A1fico)/Astarita%20Laura/Aproximaci %C3%B3n%20al%20concepto%20de%20neurosis%20colectivas.pdf

otros porque ya están determinados; por lo tanto, la persona tiende a no asumir la responsabilidad, culpando a otros y renunciando a su libertad.

2. *Existencia provisional*: Se caracteriza por una profunda falta de esperanza, mostrando inseguridad ante el futuro. Posibilita la aparición de angustia, de expectación, tendiendo a provocar aquello que se teme, y lo que prevalece es el sobrevivir al existir.

3. *Pensar colectivista*: El hombre queda en el anonimato. No hay una diferenciación entre un Yo y un Tú. Así, se hace necesario diferenciar sociedad y masa. En la sociedad, el hombre auto-trasciende y se auto-realiza. En la masa, el individuo no se desarrolla, las personalidades desaparecen. En el pensamiento colectivista existe una tendencia a la nivelación.

4. *Fanatismo*: Tiende a generalizar, a pasar

por alto la personalidad de los individuos que no piensan de la misma manera. No hay posibilidad de escuchar otras propuestas o formas de expresión, creyendo válida únicamente la propia. De alguna manera se relaciona con el pensar colectivista. La persona se hace esclava de una ideología".

Sin embargo, no hay referencia alguna de una evaluación clínica, con sus respectivos criterios de diagnóstico, o algún estudio en el escrito de la doctora Rodríguez del Toro al respecto, que sostenga su aseveración.

Notamos que a la tal "condición" que diagnostica la doctora Rodríguez del Toro, le describe "un miedo irracional al concepto género", es decir, una "género-fobia". Entonces, debemos preguntar: ¿qué es el miedo irracional? El miedo se define como una emoción primaria caracterizada por un sentimiento desagradable habitualmente intenso provocado por la percepción de un peligro real o supuesto, futuro o pasado, y que surge de la aversión natural al riesgo o la amenaza, manifestado tanto en animales como en los seres humanos, y cuya máxima expresión es el terror. Es una respuesta adaptativa y de supervivencia del organismo al medio.[15] El miedo es irracional o constituye una fobia cuando es desproporcionado, se manifiesta cuando no existe una amenaza real o peligro inminente, está fuera de nuestro control voluntario, provoca que tratemos de evitarlo a toda costa y/o soportarlo con profundo malestar, es desadaptativo y persiste a lo largo del tiempo.[16] En fin, el miedo irracional representa un tipo de trastorno mental, según esta definición.

En primer lugar, la aseveración *a priori* de la doctora Rodríguez del Toro, indicando que la decisión de los oponentes de no aceptar el concepto de género es motivada por miedo irracional, carece de toda validez científica y, por

---

[15] Miedo, *Salud 180*, recuperado de http://www.salud180.com/salud-z/miedo
[16] Fobia: el miedo irracional, *Guía de Psicología*, http://www.guiadepsicologia.com/clinica/fobia.html

lo tanto, su conclusión es errónea. La gente decide aceptar o no aceptar un concepto, una perspectiva, una opinión o ideología política, cultural o social por muchas motivaciones, y en ese proceso nada tiene que ver el miedo. El individuo acepta o rechaza, ya sea por preferencia, por costumbre, por desconocimiento o conocimiento de los efectos o resultados, por empatía a sus valores o cultura, por sus creencias, por emociones positivas o negativas vinculadas a eventos previos, por datos científicos sobre el asunto, por intereses económicos, por la mera propaganda o por imposición de un gobierno tirano; y también por miedo con motivos fundados o por un peligro real, o por un miedo irracional. ¿Qué labor de investigación hizo Rodríguez del Toro para descartar todas las otras posibilidades, de manera que pueda sostener su conclusión de que sus oponentes sufren un miedo irracional, así como imputarles una patología mental? Ninguna. Por lo tanto, este es el tercer elemento de desinformación, y un uso impropio de la ciencia que confunde a los estudiantes y a quienes no cuentan con una educación formal en psicología, y al público en general.

En segundo lugar, presumamos que la perspectiva de género es la idea que sus proponentes dicen que es. Un pueblo sin criterio propio lo avalaría sin reparo. Un pueblo sin libertad de pensamiento y bajo una dictadura se sometería sin cuestionar a lo que el dictador determine, por miedo a las represalias del régimen. Aquí tenemos todo lo contrario; tenemos un pueblo que se atreve a cuestionar sin miedo al gobernante. Un pueblo educado bajo una democracia con un mercado libre de ideas, exige que se le convenza con información comprensible y no permite que el Gobierno se tome la atribución de dictarle proposiciones de ideas sin ofrecer explicaciones coherentes, sobre algo que afectará para bien o para mal lo más íntimo de sus vidas, la niñez y la nación.

En una democracia el soberano es el pueblo, no una élite en control de una filosofía que cree que el concepto de género es la quinta esencia de la sabiduría humana. En una democracia se exige un debate de ideas donde se espera que las facciones convenzan por medios lícitos sobre asuntos tangibles, o ideas comprensibles dirigidas a la población de ciudadanos que tengan capacidad para decidir. Pero el concepto de género adolece de una seria ambigüedad. Resulta altamente irregular que se pretenda llevar un concepto ambiguo a los menores quienes por su edad de inmadurez no tienen capacidad para discernir la complejidad del asunto que el concepto de género representa, en lugar de presentar la idea a los adultos capaces de decidir. Es por ello que la proposición se hace sospechosa, en lugar de aceptable.

El choque ideológico surge cuando el Estado pretende usurpar un poder no delegado por el pueblo, como lo es —por ejemplo— el derecho a la vida privada o familiar. El poder delegado al Estado ha sido la educación en materias de ciencias, matemáticas, idiomas, historia, artes y otras análogas. Asuntos que inciden en la libertad y formación de conciencia o la identidad sexual de los hijos, no le ha sido delegado. En una democracia los hijos no son del Estado. El Gobierno tiene que abstenerse de invadir, sin justa causa, el ámbito familiar, y el derecho humano de los menores a ser formados por sus padres. La Declaración Universal de los Derechos Humanos reconoce que "los padres tendrán derecho preferente a escoger el tipo de educación que habrá de darse a sus hijos".[17]

La identidad genética o característica genética y única del sexo biológico de los hijos, es un ámbito que el pueblo no le delegó al Estado; más bien, es algo que este tiene que respetar y proteger. De manera que la educación pública no puede ser invasiva, ni contraria a la realidad genética de cada niño y cada niña. La Declaración Universal sobre el Genoma Humano y los Derechos Humanos reconoce que "cada individuo tiene derecho al respeto de su dignidad y derechos, cualesquiera que sean

---

[17] Declaración Universal de los Derechos Humanos, Art. 26:3
http://www.un.org/es/documents/udhr/

sus características genéticas".[18] Esta dignidad impone que no se reduzca a los individuos a sus características genéticas y que se respete su carácter único y su diversidad.[19] El sistema educativo tiene que encarnar ese respeto a la diversidad de los dos sexos biológicos. Cada niño y cada niña tienen su genética única y no pueden ser discriminados ni obligados a repudiar su biología, en aras de que otros individuos tengan otras ideologías o situaciones emocionales personales.

El pueblo está en todo su derecho de denunciar este atropello procesal y sustantivo al sistema democrático. Por si fuera poco, algunas facciones de los proponentes del concepto de género presentan información incorrecta, incompleta, confusa, contradictoria o falsa, como demostraremos más adelante. Ante esa

---

[18] Declaración Universal Sobre el Genoma Humano y los Derechos Humanos, Art. A.2 (a), Naciones Unidas Oficina del Alto Comisionado. También bajo http://portal.unesco.org/es/ev.php-URL_ID=13177&URL_DO=DO_TOPIC&URL_SECTION=201.htm
También bajo http://portal.unesco.org/es/ev.php-URL_ID=13177&URL_DO=DO_TOPIC&URL_SECTION=201.html
[19] Id. Art. A. 2(b)

legítima preocupación los proponentes, carentes de poder de convencimiento, se tornan a vituperar a varios sectores del pueblo llamándoles ignorantes, irracionales, fundamentalistas, misóginos y otros epítetos. Ese tipo de discurso ofensivo e intimidante no logrará que la gente entienda un concepto o teoría que de por sí es incoherente aun para sus proponentes, quienes postulan definiciones de género diferentes e irreconciliables entre sí. Ello solo consigue crear una confusión en la opinión pública. Esta técnica es el cuarto elemento de la *dezinformatsia* que procura desalentar el derecho de expresión de la gente al generar un temor a que se tilde con adjetivos negativos de enfermo mental, de misógino, de crimen de odio, etc., a quienes no estén de acuerdo con la ideología de género. Cuando el Estado comienza a hacer cambios radicales en su política, las leyes, el sistema y la filosofía educativa ya no se trata de un mero concepto, sino que estamos ante una ideología desconocida, frente a la cual la facción proponente o el Estado pretende inhibir de manera impropia el derecho de expresión del pueblo.

Esta práctica por parte del Estado, de las revistas universitarias y de sus profesorados constituye una crasa violación a los derechos humanos. Tanto los grupos religiosos como otros sectores socioculturales, tienen derecho a la libertad de expresión en pro o en contra de la perspectiva de género. Así lo reconoce el derecho constitucional en Puerto Rico,[20] y el Art. 21 de la Declaración Universal sobre el Genoma Humano y los Derechos Humanos, reconoce que el Estado debe favorecer el respeto a un debate abierto en el plano internacional, que garantice la libre expresión de las distintas corrientes de pensamiento socioculturales, religiosas y filosóficas.[21]

Demostraremos que la educación de perspectiva de género es un atentado al respeto a la genética

---

[20] Constitución del ELA, Art. II, Sec. 4

[21] Supra, Art. 21. Se deberían comprometer, además, a favorecer al respecto un debate abierto en el plano internacional que garantice la libre expresión de las distintas corrientes de pensamiento socioculturales, religiosas y filosóficas.

del individuo, toda vez que la clasificación de género es inapropiada para criaturas sin malformaciones en su sexo genético. Por ello, los grupos religiosos y no religiosos tienen argumentos válidos y el deber legítimo de oponerse a dichas enseñanzas para la niñez.

En conclusión, los opositores a la perspectiva de género están ejerciendo con valentía su derecho constitucional a reclamar al Estado que se abstenga de excederse de los poderes delegados. Eso no es miedo irracional ni neurosis colectiva, y tampoco es una nueva condición de salud o trastorno mental, como se argumenta en el artículo que publicó la Universidad Interamericana de Puerto Rico en su revista *Kálathos*, suscrito por la doctora en psicología, Rodríguez del Toro.

II.

La verdad sobre el origen
del concepto de género

Aduce la doctora Rodríguez del Toro que: "las personas y grupos opositores utilizan la desinformación, el engaño y la ignorancia para demonizarlo, sembrando pánico", por un alegado efecto perjudicial que tendría implantar esta perspectiva de género en la educación en Puerto Rico. Sobre la demonización podríamos hablar extensamente (como lo sería si entráramos a disertar en torno a la demonología que opera detrás del concepto de género), mas es vital darle un matiz no religioso a este tema. Las personas que sí conocen el origen real, no religioso, del concepto género tienen razones muy bien fundadas y poseen el conocimiento para decidir que la perspectiva de género es una ideología nociva, y que dicho término no lo crearon las feministas, tal como Rodríguez del Toro desinforma.

El quinto elemento de desinformación se refleja en el planteamiento erróneo que esta hace respecto al origen del término género. Da la impresión de que la doctora desconoce o quizás ignora la verdadera génesis de dicho concepto, aunque entendemos que por ser una estudiosa del tema debe saber con claridad el origen de este. Para ser justas, le daremos el beneficio de la duda.

Rodríguez del Toro, por error o inadvertencia, desinforma al declarar que: (**a**) *"El término género lo acuñaron investigadoras e intelectuales feministas durante* (**b**) *la década de los 70 en los Estados Unidos (Lamas en Rodríguez del Toro, 2009)"*. Su posición en defensa de "género" se fundamenta en estos dos hechos y ambos son incorrectos; por ende, falsos. Es este error craso —no tan solo de la doctora Rodríguez, sino de un sector de los proponentes a nivel internacional— lo que hace irreconciliables las posiciones de los proponentes y los oponentes en este debate.

He aquí la prueba: las creadoras de dicha teoría no fueron las feministas ni una mujer como afirma Rodríguez del Toro, sino un psicólogo varón de origen neozelandés, quien admitió sostener relaciones sexuales con otros varones y quien abogaba por la legalización de la pedofilia, el incesto, la homosexualidad y la pornografía.[22] Su nombre es el doctor John Money. Varios de sus trabajos, al igual que los de su colega el doctor Alfred Kinsey (creador de la teoría de orientación sexual), fueron financiados por el emporio de la industria de la pornografía.[23] De hecho, ambos fueron muy influyentes en el mercado de ideas en la Academia, y con ello le abrieron las puertas a la industria de la pornografía tal como la vivimos hoy.[24]

Money fue un defensor de la pornografía. Esa era la mentalidad valorativa del creador del concepto género y su teoría. Curiosamente, uno

---

[22] Colapinto, J., *As Nature Made Him: The Boy Who Was Raised as a Girl* (*The New York Times Best Seller,* 2001) pp. 28-31.
[23] Dr. Reisman, Judith A., *Kinsey: Crime and Consequences, The Red Queen and the Grand Scheme pp 101-103* (2000); Colapinto, J., Id. p. 28
[24] Reisman, Id.

de los temas de la lucha de la mujer en los años 70 y 80, y una de las grandes aportaciones del feminismo, fue la denuncia de utilizar a la mujer como objeto sexual en la pornografía, en el mercadeo de productos y en la vida personal. Sin embargo, la influencia de Money y Kinsey sobre la pornografía con el tiempo anuló la gesta feminista en ese tema. Hoy se vive en un rampante mercado sexual.

Las feministas y doctoras Mabel Burín, psicóloga clínica, psicoanalista y especialista en salud mental de mujeres, y Emilce Dio Bleichmar, psiquiatra y profesora (1999), afirman lo siguiente sobre el concepto género: *"Dicha acepción [de género] circula desde los años 1955, cuando el investigador doctor John Money propuso el término, rol del género [gender role] para describir el conjunto de conductas atribuidas a los varones y a las mujeres".*[25] Es decir, el concepto "género" existía 15 años antes de la fecha que indica la doctora

[25] Burín, M. y Bleichmar, E. D. *Género, psicoanálisis, subjetividad* (Paidos, Psicología profunda, 1999), p. 63. Money, J., Linguistic Resources and Psychodynamic Theory, *British Journal of Medical Psychology*, 20:264-266, 1955b.

Rodríguez del Toro. Debemos señalar que aunque hay muchas feministas serias, en este caso una de las personas que ella cita plagió al verdadero autor del concepto, al adjudicarse que las feministas lo crearon. La intencionalidad explicativa por la cual Money acuñó dicho término, nada tuvo que ver con las feministas ni las desigualdades de la mujer en un sistema patriarcal. El concepto de género fue la manera que Money se ideó para justificar y brindar un tratamiento médico, muy desacertado por demás. Él mismo explica que tomó la palabra "género" de la gramática y de su filosofía de vida personal, para explicar una patología de casos raros en niños con problemas genéticos en su fisiología, y por lo cual a simple vista no se podía diferenciar su sexo, vis a vis el proceso de la crianza de estas criaturas por sus padres.[26] Es de ahí que él desarrolla su teoría de que los roles sociales asignados por los padres a este tipo de pacientes es lo que determina el género, y no el sexo biológico, el cual a simple vista parecía

[26] Money, J., *Gay, Straight and in Between: The Sexology of Erotic Orientation* (1988), pp. 52-53.

impreciso en tales pacientes.

Lo antes mencionado es lo que explica el verdadero origen de género; esto entonces desmiente el origen y la intención de las supuestas creadoras de género como sostiene la doctora Rodríguez del Toro: *"La intención de estas estudiosas sociales era destacar los aspectos adquiridos, sociales, culturales y psicológicos que conforman la masculinidad y feminidad* [...] *Pretendían enfrentar el determinismo biológico inherente al uso de la categoría sexo* [...] *De esta manera, se distinguió entre el término sexo para referirse a lo biológico y anatómico, y género para designar el ámbito social".*

Consideramos que lo más ético que debieron hacer tales estudiosas en 1970, era informar que ellas adoptaron la teoría de Money desarrollada en 1955 para elaborar su ideología sociopolítica. No hacerlo constituye un plagio intelectual.

Con esto comprobamos que la doctora Rodríguez del Toro, como parte proponente, ocultó o en realidad desconoce la verdad de cómo, porqué y quién acuñó el concepto género. Por ende, es evidente que tampoco conoce o desea admitir que sabe el resultado mortal de los experimentos de Money, realizados bajo la desacreditada teoría de perspectiva de género. Sin embargo, llama ignorantes, misóginos, homofóbicos, religiosos fundamentalistas, etc., a aquellos oponentes que sí conocen sobre los experimentos del género realizados por Money.

Cuando no se tienen argumentos válidos, en el discurso político se recurre al insulto y a la intimidación hacia el oponente. El sexto elemento de desinformación es la táctica de escoger algún un grupo como chivo expiatorio, en este caso a los "religiosos", para desviar a las masas contra dicho grupo, como una estrategia para que la gente se entretenga en atacar y rechazar a los mal llamados fanáticos religiosos e ignorantes que no saben qué dice la ciencia. De esa manera procuran que las masas respalden bajo engaño la causa subyacente, que es la que en verdad le importa al proponente.

Así es como muchos activistas considerados como intelectuales en el profesorado manipulan las mentes de sus estudiantes y hacen representaciones como peritos ante los políticos de turno, y en tribunales emitiendo opiniones con datos incorrectos, bajo el palio de títulos de doctorados o licenciaturas, para trastocar la verdad en la formulación de la política pública y todo un sistema democrático. Es así como han hecho creer a los funcionarios ante foros internacionales, incluyendo las Naciones Unidas, que este concepto de género trata de los derechos de la mujer.

Ahora bien, ¿qué dijo el verdadero autor del concepto género? Este dijo que el "[…] sexo es definido por la manera que usted nace, como varón o hembra, y género es lo que usted adquiere como un rol social, que la sociedad asigna".[27] *"Género es sexo sin la parte sucia carnal de los genitales y la reproducción".*[28] ¿Cómo es posible que un científico relacionado con el campo de la

---

[27] Id.
[28] Id.

medicina se exprese así en torno al sexo? Vayamos a la raíz donde germinó el pensamiento creativo de género.

Money fue un prominente psicólogo que llegó a dirigir investigaciones y a dictar cátedra en los Departamentos de Pediatría y Psicología Clínica en la Universidad Johns Hopkins, en Maryland, E.U. Este tenía una inteligencia cognitiva excepcional y llegó a América para estudiar en la Universidad de Harvard. Sin embargo, su inteligencia emocional quedó lastimada por eventos traumáticos en su niñez.

Es lamentable que Money proyectó sus fantasmas interiores en el desarrollo de su mortal teoría. Él le explicó al escritor John Colapinto que perdió a su padre a temprana edad. Los recuerdos del carácter violento de su padre le hicieron aborrecer la figura paterna, y esto se vio agravado por el hecho de que en su crianza estuvo rodeado de su madre y unas tías, quienes hacían comentarios despectivos sobre los varones, haciéndolo sentir culpable por ser varón, a tal grado que le disgustaban las marcas de la virilidad sexual del hombre, refiriéndose a su pene y testículos, según le confesó a Colapinto.[29] Este trauma de su niñez nos explica las palabras grotescas que utilizaba para referirse al cuerpo humano, en particular al sexo, y que no se esperan de un hombre de mentalidad científica relacionado al campo de la medicina, como cuando expresa que el *sexo es la parte sucia y carnal que pertenece a los genitales y la reproducción.*[30] ¡Cuánta amargura denota el pensamiento de Money hacia sus progenitores y a lo que él percibió como un rechazo de su madre hacia él como hijo varón!

Money, tal vez sin darse cuenta, transfirió la visión nefasta de su mundo interior a "su ciencia". Al inducir a la castración radical e inmisericorde a Bruce Reimer y a muchos otros pacientes, él satisfacía su aversión contra los genitales masculinos. En una ocasión le manifestó a Colapinto: "Me pregunto si el mundo fuese mejor para las mujeres si los

---

[29] Colapinto, J., *As Nature Made Him: The Boy Who Was Raised as a Girl* (*The New York Times Best Seller,* (2001), pp. 26- 28.
[30]Money, supra. p. 52.

hombres fueren castrados al nacer".[31] Se le ha considerado pionero en las clínicas de operaciones de transexuales o de reasignación de sexo en América, y se hizo famoso por su teoría de género, en la que justificaba la mutilación física y emocional de niños inocentes. Este fenómeno conductual de Money es algo parecido al problema de cómo se reproduce la violencia doméstica. El niño que crece en ese tipo de ambiente, por lo general tiende a reproducir los patrones de violencia o de víctima de la violencia. Tal vez de manera inconsciente, Money proyectó el trauma causado por los patrones de su crianza que le indujo a repudiar su sexo biológico, tal como admitió. Al crear su teoría de género, trata de validar que el sexo es sucio, y lo importante es cómo los padres determinan el género en la crianza de los hijos, tal como se lo hicieron a él. A pesar de que fue un niño sin defecto sexual congénito, fue lastimado en su identidad masculina.

---

[31] Colapinto, supra, p. 27.

En otras palabras, el concepto género es una construcción ideológica cargada de prejuicios, de resentimientos producto de los traumas y amarguras de su creador, y diseñado para una desacertada interpretación de un problema médico, en niños con defectos genéticos. No se creó como una filosofía educativa dirigida a niños sanos. De hecho, Money trató luego de probar su teoría de género en dos niños gemelos que nacieron sanos: es decir, sin anomalía genética; su experimento fracasó y culminó en el suicidio de los gemelos en su adultez. La propia niñez de Money nos arroja luz del daño que se le causa a una criatura cuando se le cría o educa, de manera que sienta rechazo a su propia biología, en lugar de exaltarle sus atributos genéticos. Y de eso se trata la perspectiva de género: de inducir a los niños a que ignoren o rechacen su sexo biológico, para convertirse en géneros o entes neutros. Es obvio que estas implicaciones funestas no tienen nada que ver con la lucha de los derechos de la mujer. Y la psicología moderna ha sido seriamente desvirtuada con la visión de psicólogos como Money.

Como puede ponderar el lector, los oponentes al concepto de género tienen razones de peso para detener la proliferación de género y que el trauma personal de Money no siga su metástasis en más niños inocentes. Esto no es miedo irracional; es cordura y prudencia ante un peligro real. Es una política desacertada que un fracasado experimento de género en el campo de la medicina con niños con problemas de salud genética, se transfiera como una filosofía de vida para la sociedad, y menos aún a un sistema educativo para menores. Los oponentes no sufren de una neurosis colectiva, tal como acusa Rodríguez del Toro. Antes bien, lo que se trata es de prevenir que la neurosis individual o personal de Money se propague a niveles colectivos.

No obstante, la doctora Rodríguez del Toro, con su séptimo elemento de desinformación, pretende inducir al lector a que repudie a los oponentes de género, al imputar que esta gente atenta contra la lucha de los derechos de la mujer, acusándolos de misóginos es decir personas que muestra odio a las mujeres; [32] y vinculándolos también con algunos tipos de violencia, tales como la violencia contra la mujer, el crimen de odio y la xenofobia, por mencionar algunas de las viciosas acusaciones que formuló.

Lo triste y lamentable de esto es que lo hace sin demostrar prueba alguna que no sea la de meros comentarios estereotipados de la propaganda de sus colegas activistas, quienes repiten las mismas mentiras. La repetición sistemática de una mentira es el octavo elemento desinformador. Observe usted que la verdadera teoría de género creada por Money, para nada menciona los derechos ni la violencia u el odio, rechazo, aversión y desprecio hacia las mujeres, y menos aún trata de los demás crímenes como la xenofobia, etc. que Rodríguez del Toro imputa a sus opositores sin presentar

---

[32] Ferrer Pérez, V. A., y Bosch Fiol, E. (2000). *Violencia de género y misoginia, Reflexiones psicosociales sobre un posible factor explicativo*, http://www.papelesdelpsicologo.es/vernumero.asp?id=815

ningún dato policíaco o casuística judicial que apoye su aseveración al respecto.

III.

Género invisibiliza a la mujer

Muchas feministas tienen sus dudas respecto al concepto de género. Por ejemplo, Vicky Randall y Georgina Waylen (1998) consideran que género es un término ambiguo e indeterminado.[33] Kathelin Staudt (1988) advierte que la dificultad del término género es tal que aún se debate entre la lingüística y la sociología, y asegura que es contraproducente para la lucha de la mujer. Ella enfatiza que el término género no significa lo mismo en todos los idiomas, mientras que la palabra mujer está debidamente traducida y comprendida.[34] La lucha de la mujer no se llama perspectiva de género. En el Derecho se le llamaba discrimen por sexo.[35] Desde 1952 nuestra Constitución del Estado

---

[33] Randall, V. y Waylen, G., *Gender, Politics and the State* (1998).
[34] Staudt, K., *Policy, Politics and Gender, Women Gaining Ground* (1998), p. 4.
[35] Kay, H., *Sex-Based Discrimination* (1981).

Libre Asociado de Puerto Rico prohíbe el discrimen por sexo. Además, como sexo y género no es lo mismo, no existe tal cosa como discrimen por género en nuestra Constitución.

Así lo aclara la opinión de la honorable jueza Mildred G. Pabón Charneco en A.A.R., Exparte, 2013 TSPR 16: "Sexo y género no es lo mismo [...] Puerto Rico expresamente prohíbe este tipo de discrimen", refiriéndose al discrimen por sexo. "Entre las clasificaciones sospechosas prohibidas en nuestro ordenamiento se encuentran aquellas llevadas a cabo por razón del sexo de las personas. Zachry International v. Tribunal Superior, *supra*, p. 279. A diferencia de la jurisdicción federal, la Constitución de Puerto Rico expresamente prohíbe este tipo de discrimen. Art. II, Sec. 1, Const. ELA, L.P.R.A. Tomo 1, ed. 2008, p. 272. En su Informe a la Convención Constituyente, la Comisión de Carta de Derechos dejó claro que el propósito de esta disposición constitucional "es reconocer el advenimiento de la mujer a la plenitud del derecho y a la igualdad de oportunidades con el hombre". Diario de Sesiones de la Convención Constituyente de Puerto Rico, Ed. Conmemorativa 2003, p. 2561 (1952)".[36] Avalando esta posición, la opinión emitida en su Informe a la Convención Constituyente, el licenciado Antonio Fernós Isern expresó que esa cláusula erradicaría por completo los discrímenes jurídicos contra la mujer.[37]

Antes se hablaba de perspectiva de la mujer, perspectiva feminista, estudios de los derechos de la mujer, discrimen por sexo y discrimen contra la mujer. Porque de eso se trata, de empoderar a la mujer en todos sus roles socioeconómicos y políticos; no se trata de empoderar a un abstracto llamado "género". No obstante, se comenzó a usar género para referirse al discriminen por sexo contra la mujer.[38]

---

[36] http://www.ramajudicial.pr/resolucion/2013/1-OPINION-TRIBUNAL-HON-MILDRED-PABON-CHARNECO-CC-2008-1010.pdf

[37] Fernós Isern, A. (2000). Original Intent in the Constitution of Puerto Rico. San Juan ED. Lexis-Nexis.2Ed, p. 35

[38] En el derecho aparece en 1977 en Davis V. Passeman 544F.2d 865, (5th Cir. 1977), "*Therefore, Representative Passman will be free at trial to demonstrate that the firing was not in fact based upon Davis's gender, but he can derive no support from the nonstatutory nature of the*

Es decir, se usaba género como sinónimos de sexo supuestamente para referirse a las capacidades físicas del sexo femenino, sus patrones de conducta, manifestaciones de sus sentimientos, etc., pero eventualmente diluyeron a la mujer al incorporar otras conductas masculinas y preferencias sexuales de todo tipo bajo el concepto género, ajenas a los derechos de la mujer.

Otras feministas como Sylvia Tubert, también critican el uso de la palabra género para la causa por la cual se supone que se lucha: la mujer. Por ello advierte que:

> "*Por otra parte, desde una perspectiva psicoanalítica, no podemos dejar de analizar críticamente el concepto de género. [...] a) las categorías genéricas reproducen y perpetúan aquello mismo que la produjo: por un lado, la unificación ilusoria de todos los hombres, de todas las mujeres en grupos homogéneos, lo que encubre es la subjetividad entre hombres y entre mujeres;*

---

discrimination".

por otro lado, la oposición binaria de términos excluyentes que, si bien responde a una exigencia lógica del orden simbólico propio de la cultura occidental, no da cuenta de posiciones sociales ni psicológicas impresas, que no se dejan capturar por ninguno de los polos. b) Aunque la noción de género surge para oponerse al esencialismo, fundamentalmente de tipo naturalista o biologista, corre el riesgo de recaer en él por dos motivos diferentes: al tomar el género como factor explicativo de la opresión de las mujeres, aislándolo de otras determinaciones [...] se ontologiza la diferencia, porque a pesar de ser socialmente construido, aparece como una característica ahistórica; si bien el género es algo adscrito a los individuos, independientemente de su realidad biológica, ¿sobre qué base se realiza esa adscripción, si no es la anatomía diferencial de los sexos?" (Silvia Tubert).[39] (Énfasis suplido).

Para que el lector tenga claridad de cómo es que las categorías genéricas reproducen y

---

[39]Tubert, S., *Psicoanálisis, feminismo, posmodernismo*, en Burín, supra, pp. 289, 308-309.

perpetúan aquello mismo que las produjo, les recordamos que en la década de los años 70 y 80 las feministas combatían el lenguaje sexista, tal como las generalizaciones en favor de los varones. Por ejemplo frases o palabras como: "todos los hombres", "nosotros", "los jueces", etc., ya que escondían o invisibilizaban la aportación socioeconómica de la mujer. De ahí que la lucha feminista acuñara palabras tales como juezas, y frases en el discurso como "nosotras y nosotros", "hombres y mujeres", en vez de "todos los hombres". Las feministas entendían que las frases o palabras que generalizan bajo el sexo masculino ignoran el valor individual y la participación de la mujer en el desarrollo socioeconómico y político de la nación. Era y es necesario destacar la presencia de la mujer, para reconocerla y hacerla visible en todos los sectores socioeconómicos y políticos, así como el valor de su trabajo y sus capacidades.

Entre otras medidas, para darle poder a la mujer se luchó por crear e independizar todo programa, departamento o agencia de Gobierno relacionada con asuntos de la mujer. Así se logró crear las Procuradurías de la Mujer en muchas naciones. Ahora, con el concepto de género se revierte a la mujer a entes genéricos, y las mal llamadas feministas que se han apoderado de la lucha pro mujer, rechazan el que se destaque a la mujer misma, pretenden que se supriman tales procuradurías y sean fusionadas a otros grupos de intereses. En ese sentido, los oponentes al concepto de género, lejos de atacar los derechos de la mujer, concurren con las feministas que están alertando de que "género" en vez de destacar a la mujer, la invisibiliza otra vez.

Tres sucesos recientes nos ilustran este fenómeno de cómo el género vuelve a relegar a la mujer a un segundo plano:

1. En Puerto Rico los llamados grupos feministas están proponiendo suprimir la Procuraduría de la Mujer y, en su lugar, crear una sobrilla llamada Defensoría de los Derechos Humanos,[40] porque ya no vale la mujer como

sujeto de Derecho, sino que se concibe como un ente género o genérico, que es la idea que impulsan los grupos activistas homosexuales.

2. En el verano de 2015 vimos cómo atletas mujeres que representaban a Estados Unidos, ganaron el Women Soccer World Cup (2015) por primera vez en 16 años. Se les recibió con una promoción tenue y un reconocimiento frío. Si hubiera sido un grupo de atletas varones, hubieran estado en todas las portadas y en agasajos interminables para celebrar su victoria por un tiempo más largo. La victoria de estas campeonas pasó a un segundo plano, pues el asunto más importante era la victoria de los matrimonios homosexuales que estaba en su apogeo en esos meses. En esos días también bajó la decisión del tribunal supremo federal, Obergefell, et al v. Hodges et al, el 26 de junio de 2015.

3. Comparemos este logro de la mujer en el atletismo con el caso de Bruce Jenner, un hombre en la tercera edad que cambia su aspecto al de mujer y esto le merece la primera

---

[40] Banuchi, R., Intenso debate sobre el futuro de la Procuraduría de las Mujeres, *El Nuevo Día*.
(http://www.elnuevodia.com/noticias/locales/nota/intensodebatesobreelfut urodelaprocuraduriadelasmujeres-2058744/

plana de una de las revistas femeninas más destacadas, así como varios premios y reconocimientos como si fuera un héroe de la nación. Este es un pequeño ejemplo de cómo la ideología del género desplaza la lucha por destacar a la mujer y sus derechos.

Germaine Greer, una de las feministas radicales más reconocidas de los años 60, es quien mejor describe el choque ideológico del feminismo con el caso de Bruce Jenner. *"Criticando la decisión de la revista Glamour de reconocer a Bruce Jenner como 'Mujer del Año', Greer le dijo a BBC, 'Creo que la misoginia desempeña un papel realmente grande en todo esto, el que un hombre llegue a estos límites para convertirse en una mujer y que se plantee que será mejor mujer que alguien nació mujer".*[41] [Traducción nuestra].

Greer considera que la misoginia juega un rol grande cuando se piensa que un hombre que reconstruya su apariencia como mujer, sea

---

[41] "Criticizing Glamour magazine's decision to name Jenner 'Woman of the Year', Greer told the BBC: 'I think misogyny plays a really big part in all of this, that a man who goes to these lengths to become a woman will be a better woman than someone who is just born a woman", Feminist icon: Transgender 'women' like Bruce Jenner aren't women. They're delusional. *LifeSiteNews* 10/27/15, Fr. Mark Hodges and John Jalsevac.
Posted on 10/27/2015, 4:20:58 PM by wagglebee
https://www.lifesitenews.com/news/feminist-icon-germaine-greer-males-who-call-themselves-transgender-arent-women

considerado mejor que una mujer por nacimiento. Ella dijo en lenguaje fuerte:

> [...] *porque un hombre haya conseguido que se le remuevan sus genitales y use un vestido eso no le hace una mujer. Si le pidiese a mi doctor que me ponga orejas largas y manchas y me pongo una capa marrón eso no me convierte en un jo** cocker spaniel. Entiendo que algunas personas nacen intersexuales y merecen apoyo para llegar un acuerdo con su género, pero no es la misma cosa. Un hombre que consigue que se le corte su p** realmente está incurriendo en un acto extraordinario de violencia contra sí mismo. Greer dice que muchas mujeres-incluyendo las -feministas fuertes- concuerdan con ella, pero se ha vuelto políticamente correcto propagar la mentira de que los transgéneros son del sexo que ellos imaginen ser".*[42] [Traducción nuestra].

---

[42] Id. *"...because a man gets his genitals removed and wears a dress doesn't make him a woman." I've asked my doctor to give me long ears and liver spots and I'm going to wear a brown coat, but that won't turn me into a fu**ing cocker spaniel". I do understand that some people are born intersex and they deserve support in coming to terms with their gender but it's not the same thing. A man who gets his d**k chopped off is actually inflicting an extraordinary act of violence on himself ... [G]reer says many women – including strong feminists – agree with her, but it has become*

No es la primera vez que Greer resalta a la mujer frente a esta modalidad de algunos hombres, y dijo: *"Hoy día, probablemente todos nosotros conocemos personas que creen que son mujeres, tienen nombres de mujer, y ropas femeninas y mucho maquillaje, y nos parecen algún tipo de parodia horrible, aunque no sea cortés decirlo. Pretendemos que todas las personas que pasan por mujer realmente lo sean. Otros delirios pueden ser desafiados, pero no el delirio de un hombre de que es mujer".*[43] [Traducción nuestra].

Según ella, la insistencia de que se acepte como mujer a un varón transformado en mujer, es institucionalizar la convicción de que las mujeres son hombres con defectos. *"The insistence that man-made women be accepted as women is the institutional expression of the mistaken conviction that women are defective males".*[44]

---

politically correct to propagate the lie that transgenders are whatever sex they imagine themselves to be."

43 Greer, G., Caster Semenya sex row: What makes a woman? "Nowadays we are all likely to meet people who think they are women, have women's names, and feminine clothes and lots of eyeshadow, who seem to us to be some kind of ghastly parody, though it isn't polite to say so," Greer told The Guardian in 2009.

http://www.theguardian.com/sport/2009/aug/20/germaine-greer-caster-semenya

[44] Hodges,M &Jalsevalc J. *Feminist Icon: Transgender 'women' like Bruce Jenner aren't women. They're delusional.*
https://www.lifesitenews.com/news/feminist-icon-germaine-greer-males-who-call-themselves-transgender-arent-wo

En 1977, la renombrada feminista Gloria Steinem escribió que las cirugías de transgéneros mutilan el cuerpo, concluyendo que es como decir que si el zapato no me sirve, la solución es cortar el pie.[45]

Ya no se habla de violencia contra la mujer, sino de violencia de género. En el derecho penal, las palabras y frases se interpretarán según el contexto y el significado sancionado por el uso común y corriente.[46] Como se ha establecido que sexo y género no es lo mismo, tendremos que recurrir al uso del lenguaje más corriente y elemental que se enseñaría en las escuelas para entender lo que llaman violencia de género. Veamos en la práctica cómo un concepto abstracto y tan ambiguo como género, carece de sentido. Si aplicamos la definición de género tal como es utilizada y referida en la Carta Circular de 2008

---

[45] Feminist icon: Transgender 'women' like Bruce Jenner aren't women. They're delusional. *LifeSiteNews*, 10/27/15, Fr. Mark Hodges and John Jalsevac. Posted on 10/27/2015, 4:20:58 PM by wagglebee.
[46] Art. 12, Código Penal de Puerto Rico, Ley Núm. 146 de 30 de julio de 2012; http://www.lexjuris.com/lexlex/Leyes2012/CodigoPenal2012.pdf

del Departamento de Educación,[47] la cual es avalada por la doctora Rodríguez del Toro, violencia de género sería: violencia *"al conjunto de los roles, las relaciones, las características de las personas, los valores y el poder relativo socialmente construido que la sociedad asigna de manera diferenciada a los hombres y mujeres o que las personas se asignan a sí mismas"*.

¿Se imaginan en el campo penal a un policía tratando de tomar una querella por violencia de género? Diría: El acusado o la acusada le dio una golpiza o mató "al conjunto de los roles, las relaciones, las características de las personas, los valores y el poder relativo socialmente construido que la sociedad le asignó a la víctima, o que la víctima se asignó a sí misma". O si aplicamos la definición de la Carta Circular de 2015,[48] la querella por violencia de género diría así: El acusado o la acusada le dio una golpiza o mató al *"enfoque teórico de análisis que facilita repensar las construcciones sociales y culturales de la distribución del poder entre hombres y*

---

[47] Ver nota al calce núm. 7.
[48] Ver nota al calce núm. 8.

mujeres, y que afectan de manera directa, las formas de relacionarse de las personas en todos los ámbitos". ¡Esto es sencillamente incomprensible! Pues como género y sexo no es lo mismo, al decir violencia por género es algo tan abstracto que no va dirigido de manera específica a proteger a la mujer. Es decir, género invisibiliza la violencia contra la mujer para defender otros intereses.

Como mencionáramos antes, citando a Silvia Tubert cuando cuestiona si el género es algo adscrito a los individuos, independientemente de su realidad biológica, ¿sobre qué base se realiza esa adscripción, si no es la anatomía diferencial de los sexos? Por lo que es inevitable que la identidad de ser mujer o ser varón nace de una característica biológica, física. Así como nuestro cuerpo tiene las huellas dactilares únicas y el ADN que nos identifica como varón o mujer, también el sexo biológico nos identifica no solo en los cromosomas y los genitales, sino en todo el cuerpo y hasta en nuestros huesos, porque ya sea la pelvis, el tamaño del cráneo y la densidad ósea, entre otras características, nos dan una morfología que nos distingue e identifica por sexo.[49] A esta diferencia genética o dimorfismo anatómico los proponentes le llaman el determinismo biológico, que según ellos hay que erradicar mediante la perspectiva de género.

La mujer no necesita el concepto de género para obtener una equiparación vocacional y destrezas en equidad con el hombre. Lo cierto es que la tal perspectiva pretende que los niños a temprana edad se autoidentifiquen como un ente o un saco de carne amorfo que tomará su forma o morfología por "la construcción social o que la persona se lo asigne a sí misma". Y supone que basta imaginarse o sentirse, vestirse, maquillarse o hasta cambiarse "piezas" quirúrgicamente — como los muñecos con piezas intercambiables— o cambiarse el nombre para que su biología se transforme por arte de magia

---

[49] *Cómo conocer el sexo de un esqueleto humano,*
http://medtempus.com/archives/como-conocer-el-sexo-de-un-esqueleto-humano/

cosmetológica. El esqueleto, aun sin ropa, ni maquillaje, ni masa muscular y sin papeles, seguirá identificando el sexo de la persona.

La verdad es que el sexo es inmutable, y para mantener una ficticia apariencia de un sexo opuesto al que se nace, las personas tendrán un gasto excesivo de por vida, además del incalculable costo emocional del individuo y su familia. El Estado estaría induciendo a los menores a vivir atados al uso de medicamentos, hormonas y a otros procedimientos dolorosos de por vida. Esto les haría incurrir en un alto costo para mantener su salud física, y someterse a interminables terapias psicológicas y psiquiátricas. Como consecuencia, esto aumentará el costo de las primas de seguros y medicamentos, no sólo a ellos, sino también a toda la población de mujeres, hombres y patronos al comprar seguros de salud o medicamentos. Esto es sin incluir los gastos en que tendría que incurrir el Gobierno, agravando más el pago de impuestos en el caso de los contribuyentes.

En consecuencia la enseñanza de perspectiva de género convierte al sistema escolar en un foco de propagación de un serio problema de salud pública, en vez de ser un foro para la prevención de enfermedades. "La locura del transgénero" actualmente promovida por los medios de comunicación, controlados por esa tendencia, como "la próxima frontera de los derechos civiles" es en realidad una enfermedad mental y su promoción lo que hace es exacerbar unos trastornos mentales, ha dicho el doctor *Paul* R. McHugh, exjefe de Psiquiatría del Hospital Johns Hopkins.[50] También, el doctor Joseph Berger sostiene que el transgénero padece de un problema que concierne al estado de ánimo, un sentido de la infelicidad, por lo que es un trastorno emocional y la cirugía cosmética no es el tratamiento adecuado.[51] Las universidades y las feministas —como la

---

[50] "Transgénero" es una enfermedad mental, y debe tratarse como tal: dice el exjefe del Departamento de Psiquiatría del hospital Johns Hopkins, http://europauniversal.blogspot.com/2014/09/transgenero-es-una-enfermedad-mental-y.html (martes, 9 de septiembre de 2014).
[51] Chapman, M. Prominent Psychiatrist: Transgender is Emotional Unhappiness…Pure psychological. Feb. 2.2026. cnsnews.com

doctora Rodríguez del Toro— que defienden la educación de género, desconocen o han perdido de vista que la teoría de género surgió para atender unos casos médicos de anormalidades físicas, y no para niños y niñas con cuerpos sanos. Por lo tanto, el *género*, lejos de ayudar a la causa de la mujer, la diluye. Quien proponga que este concepto ayuda a la mujer, está equivocado. Quien proponga que los que se oponen a la enseñanza de teoría de género a nuestros niños en las escuelas, atentan contra los derechos de la mujer y son misóginos, solo está emitiendo otra propaganda falaz. La mujer es la gran perdedora. En términos económicos, quienes ganarán con la nueva epidemia de disforia de género o cambios de *"géneros"*, son los siguientes:

1. Las industrias de la moda y la cosmetología, las cuales tienen una alta población de homosexuales que controlan los conceptos.

2. Los psicólogos y psiquiatras que refuerzan estas conductas solo se están agenciando un buen volumen de clientela,

ya que el Estado fomentaría la epidemia de disforia del género y otros problemas de salud. Como sabemos, la APA ha sido controlada[52] por activistas homosexuales y los seguidores de la ciencia distorsionada de Money, son los que imponen sus propias agendas.

3. Las farmacéuticas billonarias.

4. Los cirujanos plásticos, quienes aumentarán sus ganancias.

Los grandes perdedores serían las mujeres y los hombres contribuyentes, porque el Estado vendría obligado a pagar el gasto de los niños y adultos para convertirse en géneros;[53] y por supuesto, la mujer sería sustituida por géneros. Si al presente el Estado apenas puede atender parte de los gastos de enfermedades

---

[52] Ver nota al calce núm. 11.
[53] El estado de Oregón de Estados Unidos de América, utiliza fondos de los contribuyentes para pagar operaciones de reasignación de género en menores, sin la autorización de sus padres. *Gender Spender: snopes.com*; Aragón, España, paga 30,000 euros en promedio por cada cambio de sexo, http://www.elperiodicodearagon.com/noticias/aragon/aragon-paga-30-000-euros-media-cambio-sexo_790899.html

catastróficas como el cáncer y la insuficiencia renal, por mencionar algunos, este tipo de pacientes sería relegado aún más. Debido a que la nueva epidemia de género es intencionalmente inducida por el Estado, será exigible que este repare su daño y asuma el gasto. La complacencia de la estética sexual sería la prioridad en la salud pública, sobre los demás padecimientos involuntarios de vida o muerte.

Al presente, el sistema escolar en Puerto Rico es muy deficiente al atender los casos de autismo, niños con impedimentos, rezago escolar y otros trastornos en nuestra niñez. Estos correrían igual suerte ante la prioridad que ya se le está dando a esa política de género. Tendríamos una sociedad sumida en problemas de salud físicos y mentales creados por las políticas irresponsables para someter la niñez a un experimento social masivo, que se deriva de un experimento médico que causó la muerte a los pacientes gemelos Brian y Bruce (David) Reimer.

IV.

La enseñanza de género combate la violencia: ¿cierto o falso?

En el octavo elemento de desinformación, la doctora Rodríguez del Toro aduce que: *"Género es para enseñar respeto a todo ser humano sin importar su raza, sexo, condición social, y no incurrir en violencia, injusticia o abusos de todo tipo"*. Según ella, esta premisa supone que si el varón asume vestimenta o roles femeninos, y la mujer, vestimenta o roles masculinos, habremos resuelto el problema de la violencia general y, en particular, la violencia intrafamiliar.

De ser así, ¿cómo se explica que los que practican el concepto de género, como Robert Kosilek,[54] un hombre que trascendió su género de varón y asumió los roles femeninos, mató a su esposa y luego en la cárcel se cambió el

---

[54]http://www.foxnews.com/us/2010/04/16/massachusetts-transgender-inmate-gets-taxpayer-funded-mammogram.html

74

aspecto de su sexo? ¿Qué tal el caso de la lesbiana De Nysschen, quien trascendió su género femenino y quiso que el hijo de su pareja (otra mujer), la llamara "papi"? Los niños piensan de manera concreta, por eso la criaturita (Jandre, de 4 años) no la podía visualizar como padre; pero esta ferviente practicante de la filosofía de género lo mató de una golpiza[55] brutal.

De igual forma, ¿cómo explican el caso de la lesbiana Lisa Ann Coleman, convicta y ejecutada por el estado de Texas en 2014 por la muerte del niño Davontae Williams? Coleman y su pareja, la madre del pequeño de 9 años, lo torturaron por varios meses hasta causarle la muerte.[56] ¿Y cómo se explica el que una pareja de homosexuales en Estados Unidos violara a su hijo ruso desde que la criatura tenía dos años de edad, y grabaron pornografía con él? Más adelante le hicieron cree al menor que los

---

[55] www.news24.com/SouthAfrica/news/four-years-old-beaten-to=death-20030829

[56] Lisa Ann Coleman, Executed 2014 in Texas; http:www.clarkprosecutor.org/html/death/US/coleman1389.htm

abusos sexuales eran una conducta normal y también le enseñaron a contestar a los investigadores para negar la violación.[57] La pareja le pagó $8,000.00 a una mujer rusa, quien les alquiló su vientre para tener ese niño.[58]

¿Por qué penalizarlos o criticarlos? Después de todo, ese es el modelo de la teoría de orientación sexual de Kinsey (lo que discutiremos más adelante). Este propuso que los niños tienen derecho a disfrutar el sexo y que lo normal es que sean estimulados a ello con pornografía y actos sexuales con adultos. A su vez, esa pareja refleja el modelo de crianza explícito que describe el *Manifiesto homosexual,* de Michael Swift, como parte de lo que llaman un sistema homoerótico.[59]

---

[57] https://actualidad.rt.com/sociedad/view/98900-eeuu-homosexual-nino-violar-porno
[58] https://actualidad.rt.com/.../98900-eeuu-homosexual-nino-violar-porno
[59] Swift, Michael, *Gay Manifiesto,*
http://www.freerepublic.com/focus/news/3023834/posts; Michael Swift, *"Gay Revolutionary".* Reprinted from The Congressional Record of the United States Congress. First printed in Gay Community News, February 15-21 1987;
http://www.massresistance.org/docs/gen/09b/Redeeming_rainbow/chapters/Chapter-13.pdf. También en
http://legacy.fordham.edu/halsal/pwh/swift.asp

"Sodomizaremos a sus hijos [...] les seduciremos en las escuelas, dormitorios, gimnasios [...] baños [...] Serán nuestros secuaces y licitadores. Les haremos a nuestra imagen y nos adorarán [...] Las leyes que condenan la homosexualidad serán eliminadas [...] La unidad familiar será abolida. Los niños estarán bajo el control y educación de homosexuales. La nueva sociedad homoerótica será gobernada por homosexuales, y todo el que persista en la estupidez heterosexual será procesado criminalmente en nuestras cortes de justicia".[60] (Traducción y resumen nuestros).

No es nuestro objetivo establecer que todos los homosexuales son asesinos, abusadores de menores o pervertidos. Hay excelentes seres humanos que aunque viven ese estilo de vida, son conscientes de que los niños no deben ser involucrados en sus asuntos. Incluso repudian la enseñanza de género y de desorientación sexual que impulsan los activistas sexuales. Tampoco decimos que algunos de los

---

[60] Swift, Id.

no-homosexuales no cometan esas atrocidades aun con sus propios hijos. Lo que sí queda muy claro es que la educación de género no erradica la violencia humana. Lo que estos y miles de casos análogos comprueban es que el hecho de que el individuo asuma roles fuera del de su sexo biológico, no lo hace menos violento. Es de conocimiento general que las mujeres que ejercen vocaciones que antes eran exclusivas para hombres, así como hombres que ejercen vocaciones que eran predominantemente de mujeres, son propensos de igual forma a corrupción, a abuso e injusticias, así como a ser personas honestas. Por lo tanto, el pretexto de combatir la violencia familiar, el racismo, las conductas delictivas y demás tipos de abusos mediante la educación de perspectiva de género, es solo un mito. Es pura desinformación para ganar adeptos ingenuos.

Para combatir la violencia en sus diversas manifestaciones lo que se requiere es enseñar, en todo caso, el amor al prójimo. Pero si esto le parece un lenguaje religioso fundamentalista, enseñen lo que dice nuestra Carta de Derechos: respeto a la dignidad de toda vida humana en cada una de sus etapas, desde la concepción hasta la muerte. Dialoguen con los menores sobre el Código Penal. Añadamos el respeto por toda vida animal y ambiental, y enseñemos civismo, valores sociales, buenos modales, decoro, justa distribución de tareas y sana convivencia. De esta manera, no es menester crear una confusión psicológica en la identidad sexual de cada niño o niña para que aprenda a respetar y cuidar de su propio cuerpo, a aceptarse a sí mismo tal cual es su biología, y a respetar a los demás y a su ambiente.

El concepto de género, lejos de fomentar el respeto por la humanidad, es una cosmovisión totalmente deshumanizante. Este propone que la identidad sexual del individuo no está en el ser mismo, sino que será la vocación que escoja, el estilo de ropa y la apariencia cosmética que mejor le parezca, aunque con ello repudie, aborrezca o se enajene de su propia biología. Es deshumanizante y violento promover en los niños la idea de que se castren o que se vistan para ser niñas, y en las niñas que se cercenen sus mamas y demás órganos femeninos para ser varones, o que se vistan como tales. Esto es un genocidio paulatino, porque el sistema educativo estaría creando una generación estéril, incapaz de preservar la especie humana, y quizá como alternativa, que se fabriquen hijos sintéticos.[61] Estas nuevas criaturas son desarraigadas de sus verdaderos padres o madres biológicos, y desarrolladas con otros patrones anómalos de crianza, bajo el llamado concepto de familia no tradicional; como si ya no tuviéramos suficiente con la paternidad y maternidad irresponsable bajo la cual se está criando un número significativo de la población infantil.

Todos los adultos tienen que concienciarse de que los hijos no son mascotas, que todo niño tiene el derecho humano de vivir con su padre y su madre, excepto en los casos

---

[61]http://www.clarin.com/sociedad/Dolce-Gabbana_0_1321667986.html;https://www.aciprensa.com/noticias/somos-hijas-sinteticas-y-estamos-de-acuerdo-con-dolce-gabbana-99209/

que la separación sea necesaria para su interés superior. Es derecho del niño mantener contacto directo con ambos, si está separado de uno de ellos o de ambos.[62] El tráfico de hijos sintéticos o el mercado de fecundación asistida que se agencian algunos adultos homosexuales y no homosexuales, así como los donantes y las madres de alquiler, violentan ese derecho humano, en contravención a los Artículos 8 y 9 de la Convención de los derechos del niño.[63] Esta cruel y desnaturalizada práctica de comercio humano viola los Artículos 1[64] y 4[65] de la Declaración Universal de los Derechos del

---

[62] Art. 9. Es un derecho del niño vivir con su padre y su madre, excepto en los casos que la separación sea necesaria para su interés superior. Es derecho del niño mantener contacto directo con ambos, si está separado de uno de ellos o de los dos. *Convención sobre los Derechos del Niño*, 1999, http://www.unicef.es/infancia/derechos-del-nino/convencion-derechos-nino

[63] Id. Art. 8. Es obligación del Estado proteger y, si es necesario, restablecer la identidad del niño, si este hubiera sido privado en parte o en todo de la misma (nombre, nacionalidad y vínculos familiares).

[64]Art. 1. El genoma humano es la base de la unidad fundamental de todos los miembros de la familia humana y del reconocimiento de su dignidad intrínseca y su diversidad. En sentido simbólico, el genoma humano es el patrimonio de la humanidad. *Declaración Universal sobre el Genoma Humano y los Derechos Humanos*, 11 de noviembre de 1997. http://portal.unesco.org/es/ev.php-URL_ID=13177&URL_DO=DO_TOPIC&URL_SECTION=201.html

[65] Id. Art. 4. El genoma humano en su estado natural no puede dar lugar a beneficios pecuniarios.

Genoma Humano. La educación de género tendrá como consecuencia proliferar ese abuso del derecho de los hijos por nacer. Además, es contrario al deber del Estado de proteger y de restablecer la identidad del niño con sus verdaderos vínculos familiares.[66]

Sin embargo, algunos activistas homosexuales consideran que quienes reclamen estos derechos humanos para la niñez son homofóbicos [sic]. Ese ha sido el caso del activista homosexual Jean Pierre[67], quien tiene claro que sus estilos de vida no deben atentar contra el derecho natural de las criaturas a crecer junto a un padre y una madre:

"Los niños tienen que tener **una madre mujer y un padre hombre**. Cualquier elección distinta es una discriminación. **Y os lo digo como homosexual**". Estas son las sinceras palabras de Jean Pierre Delaume-Myard, el

[66]Art. 8 Convención sobre los Derechos del Niño, 1999, http://www.unicef.es/infancia/derechos-del-nino/convencion-derechos-nino

[67] Los niños tienen que tener un padre y una madre: lo digo como homosexual, 13 de abril de 2016, http://gaceta.es/noticias/los-ninos-padre-madre-digo-homosexual-13042016-2029

ahora portavoz de Manif Pour Tous, de la asociación francesa que defiende la **institución de la familia** combatiendo con el *lobby* gay, la ideología de género y la cultura de la muerte.

En una entrevista concedida a la web de índole religiosa *Portaluz*, Delaume defendió que "los *lobbies gais* **no representan a la totalidad de los homosexuales**" y explicó que tras publicar su libro *No en mi nombre. Un homosexual contra el matrimonio para todos*, le han llegado a tachar de homófobo, a pesar de ser homosexual "Homosexual y homófobo". Es el colmo. **La comunidad *gay* me acusa de esto".[68]**

Desde el punto de vista ideológico, el concepto de género es una de las estrategias para imponer un control sociopolítico, y así alcanzar una de las metas que programaron y escribieron los activistas homosexuales en el *Manifiesto Homosexual*, de Michael Swift. Este fue publicado por la comunidad homosexual en el 1987.[69] ¿Cuál es esa meta? Abolir la familia y

---

[68] Id.
[69] Supra.

que los niños fueran creados en laboratorios y educados bajo el régimen homoerótico. Sin embargo, la doctora Rodríguez del Toro asegura que el asunto de género no tiene relación alguna con la agenda homosexual, ni afecta a la familia.

Rodríguez del Toro también asegura que los planteamientos que hicieron los religiosos de la Iglesia Católica sobre el riesgo de la perspectiva de género en las familias son errados y pretenden fomentar miedo y repudio hacia este tema. ¿Quién dice la verdad? Como consecuencia de la educación de género, en el sistema escolar de Alberta, Canadá, ya se consideran ofensivas las palabras madre y padre. *"School forms, websites, letters, and other communications use non-gendered and inclusive language (e.g., parents/guardians, caregivers, families, partners, "student" or "their" instead of Mr., Ms., Mrs., mother, father, him, her, etc.)"*.[70]

---

[70] *Guidelines for Better Practices: Creating Learning Environments that Respect Diverse Sexual Orientation, Gender Identities and Gender Expressions*,
https://education.alberta.ca/media/1626737/91383-attachment-1-guidelines-final.pdf

Algo similar propuso la consultora del Borrador de Código de Familia de 2007 en Puerto Rico. A su juicio, la palabra madre debe ser erradicada porque aunque es una palabra hermosa, resulta ser confusa. En su lugar sería "mujer gestante", y en vez de hijos, esta propuso usar "material genético producto del nacimiento".[71] ¿Quién le miente al pueblo? ¿Quién desinforma? ¿Es esta la manera del Estado erradicar la violencia familiar? ¿Es esta la manera de fomentar el amor filial?

---

[71] Prof. Fratichelli, Migdalia, Borrador Informe, Estudio preparatorio sobre derecho de la persona y la familia, San Juan Puerto Rico p 28 (1999); Art. 3 Libro de la persona, Art. 10 Libro de la familia. Borrador para un Código Civil 2007.

V.
¿Es cierto que la perspectiva de género no pretende enseñar sexualidad, homosexualidad o promiscuidad sexual?

El noveno elemento de desinformación de la doctora Rodríguez del Toro es que, a modo de acusación, dice que "los opositores postulan erróneamente que se pretende enseñar a los jóvenes la homosexualidad y la promiscuidad sexual". O sea, que la enseñanza de género nada tiene que ver con sexo, homosexualidad ni promiscuidad sexual. Veamos quién dice la verdad.

Volvamos al origen del concepto género, para entender la relación entre perspectiva de género y la sexualidad humana. En primer lugar, Money desarrolló su teoría para poder atender y describir unos pacientes con malformaciones fisiológicas en órganos sexuales. No se trataba de pacientes con problemas dentales ni del sistema circulatorio, respiratorio o digestivo, sino que se trataba del sistema sexual y reproductivo de seres humanos. Esto incide en la eventual manifestación de la sexualidad y la futura capacidad reproductiva del menor. Género no es una idea en el vacío, sino una interpretación de lo que pudo o no ser el sexo de un niño con malformaciones anatómicas, para ser corregido mediante cirugías y medicamentos hormonales. A ese fenómeno médico se le pretende convertir ahora en una visión o filosofía educativa para la población general de los niños sanos. Y esa es la controversia conceptual de este asunto.

En segundo lugar, la pornografía y la promiscuidad fue parte de la metodología "científica" de Money para comprobar su teoría de género en los niños Reimer, quienes nacieron sin ninguna anomalía anatómica en sus genitales. Money expuso a estos niños a pornografía, a actos sexuales entre sí y a terapias de grupos con transexuales adultos, con el objetivo de reeducar y convertir a Bruce en Brenda.[72]

---

[72] Colapinto, supra. Caps. 5-6, 9.

Cuando bebé, Bruce sufrió una mala praxis o negligencia en el procedimiento de la circuncisión por parte de otro médico. Money, en lugar de hacer viable un proceso en que se le reparara el daño parcial al niño, vio la oportunidad de comprobar su teoría en un niño sin anomalía genética, así que indujo a sus padres a aceptar una cirugía de castración radical. Por ello la criatura vivió su niñez con tratamientos de hormonas y antidepresivos, entre otros, y fue criado como mujer. Money les aseguró a los padres que el sexo biológico no era determinante para ser varón o hembra, sino la manera en que se educara al niño. Esta es la misma premisa que repite la doctora Rodríguez del Toro y sus colegas proponentes de perspectiva de género:

> "[...] la categoría género establece que las características que se consideran 'femeninas o masculinas' no están determinadas por la naturaleza, sino que son adquiridas mediante el aprendizaje a través de los procesos de socialización

cultural".

Cuando llegó a su adultez, Reimer —quien para ese entonces había asumido su identidad de varón y cambiado su nombre a David— quiso dedicar su vida a denunciar el fracaso de la teoría de género que le destruyó su psiquis y cuerpo,[73] privándolo de poder ser padre. Él quiso evitar que más niños fueran expuestos a esa perspectiva o teoría de género debido al daño irreparable que le fue causado, tanto a él como a su hermano Brian y a la familia. A largo plazo, ninguno de los dos pudo vencer el daño irreparable que ciertamente les causó el experimento de las teorías de género a sus psiquis. Carecieron de las fortalezas básicas para poder lidiar con la misma clase de problemas que todos confrontamos en la vida adulta. Ambos se suicidaron.

Los ciudadanos que se oponen en el mundo entero a la imposición de la educación sobre perspectiva de género, también han visto

---

[73] http://www.abc.es/sociedad/20150824/abci-david-reimer-experimento-sexo-201508211445.html

a través de los medios cómo en otras jurisdicciones esta educación genérica incide en la formación familiar de la sexualidad de sus hijos y cómo se atropella el derecho de los padres que se opongan,[74] incluyendo el arresto y otros procesos criminales. Esto no es un miedo irracional o una fobia, esto es y representa un atropello real a los derechos humanos y constitucionales que debemos y queremos evitar en Puerto Rico.

Desde el punto de vista legal y de derecho humano universal, la sexualidad, la libertad de conciencia y la libertad religiosa son las áreas de mayor intimidad o privacidad del ser humano, a proteger frente al Estado. Todo lo que los padres prudentes y razonables exigen es que el Estado no se inmiscuya en esa privacidad

---

[74] Grotti, L. En Alemania, la Policía encarceló por 40 días a los padres de niños por no ir a la clase de ideología de género. http://www.religionenlibertad.com/la-policia-encarcela-40-dias-a-los-padres-de-unos-ninos-44574.htm; El caso del doctor Davis Parker arrestado en Massachusetts, 2005, http://archive.boston.com/news/local/articles/2005/04/29/arrested_father_had_point_to_make/ También en http://vidahumana.org/enlaces/item/1127-la-lainquisici%C3%B3n-gay

individual y familiar que nos garantiza el Art II. Sec. 8 de la Constitución del Estado Libre Asociado de Puerto Rico. "Toda persona tiene derecho a protección de ley contra ataques abusivos a [...] su vida privada o familiar". De otra parte, el Art. 26:3 de la Declaración Universal de los Derechos Humanos establece que: "Los padres tendrán derecho preferente a escoger el tipo de educación que habrá de darse a sus hijos".[75] En este caso los padres y madres objetores de la ideología de "género' no autorizan al Estado a ese tipo de educación "genérica".

El lector puede constatar la veracidad de la teoría de género de Money y el caso de los gemelos Reimer,[76] por lo que esto no se trata de una neurosis colectiva de religiosos o de un miedo irracional como lo califica Rodríguez del Toro. Esto es cuestión de sentido común ante una prueba contundente. Veamos si tiene lógica el pensamiento de los oponentes, de que los

---

[75] http://www.un.org/es/documents/udhr/
[76] Colapinto, *supra.*

menores sean expuestos a esta práctica:

A. Género es un término para describir las deficiencias anatómicas de un tipo de paciente con una determinada patología, y el tipo de crianza recibida a tenor con su problema. Entonces, ¿por qué ha de tratarse o educarse a menores sanos con el concepto de género?

B. El caso Reimer comprobó que la aplicación de la teoría de género en menores sanos en su sexo biológico fue un fracaso mortal.

C. Es de conocimiento general que cuando un tratamiento médico o un medicamento infringe daño a los pacientes, la Administración de Alimentos y Medicamentos (FDA, por sus siglas en inglés) lo retira del mercado y se prohíbe.

Por lo tanto, la práctica en menores de la perspectiva o teoría de género y toda su parafernalia escolar debe retirarse del mercado.

Entendemos que es una irresponsabilidad e imprudencia el que un Gobierno pretenda aplicar a toda nuestra niñez un experimento fatal a nivel social a través de la educación. Si en el pasado dicho experimento tuvo los "alegados" mejores controles de laboratorio psicológico y médico, bajo la estricta vigilancia por el propio genio creador de la teoría, y aun así causó un daño irreparable que eventualmente llevó al suicidio a sus dos pacientes, entonces ningún maestro o personal auxiliar en un sistema tan mediocre que maneja miles de niños, puede garantizar los efectos a corto y largo plazo en la vida de los estudiantes.

En tercer lugar, el Departamento de Educación (DE) pretendía seguir el factor de exponer a menores a material de sexualidad explícita, tal como se desprende de la visión de género de Money y el doctor Alfred Kinsey.[77] El DE adquirió material para enseñar esta filosofía, el cual fue altamente cuestionado por los padres y maestros por su alto contenido sexual no apto

_____

[77] De quien hablaremos más adelante.

para menores. Al extremo de que el actual secretario de Educación tuvo que admitir que dicho material no le fuera expuesto a los estudiantes, y que el maestro que lo haga debería ser objeto de una querella administrativa. Ante esta admisión del secretario, huelga describir el contenido del material.

"El Secretario Rafael Román advirtió que se tomarán medidas disciplinarias contra los maestros[78] que usen en los salones de clases los libros no autorizados sobre perspectiva de género […] [D]e acuerdo con *Noticentro al Amanecer* (WAPA TV), Román indicó que se incluyeron catorce libros [...] [M]ientras que el libro *Sexo... ¿Qué es?,* quedó prohibido para que los educadores lo utilicen como herramienta en enseñanza. Este libro fue criticado en las redes sociales por contener imágenes explícitas".[79] "Reitero que el DE no

---

[78] Ruiz Quilan, G. *Asoman sanciones por los libros adjudicados a perspectiva de género.* En:
http://www.elnuevodia.com/noticias/locales/nota/asomansancionesporlibro
sadjudicadosaperspectivadegenero-2008553
[79] http://touch.metro.pr/locales/sancionan-a-maestros-con-libros-no-

invertirá fondos en la adquisición de libros para la enseñanza de equidad por género, dijo Román".[80]

Es lamentable que, el Departamento de Educación (DE) haciendo uso de su autoridad como patrono obligue a su personal a tener un material impropio, y que de ser revelado por ellos se les exponga a sanciones. ¿Por qué sería castigable si un maestro expone dicho material a sus estudiantes? Porque, en efecto, no es apto para menores y es desagradable incluso para aquellos maestros que no tiene por costumbre consumir material pornográfico. Resulta irrisorio que el patrono compre y distribuya un material, y luego amenace con sanciones al maestro que lo use en la educación. En todo caso, quienes merecen sanciones son los burócratas que evaluaron, escogieron, recomendaron, ordenaron y compraron ese material nocivo, pero no los maestros ajenos de tales decisiones.

---

autorizados/pGXobg S5UWDdA hOEOdU

[80] http://www.elnuevodia.comllocales/noticias/locales/nota/educacionpubli calistadelibrosdelibrosautorizadossobreperspectivadegénero-2008553

Esto hace claro que los opositores tienen razón, por lo que no manifiestan un miedo irracional o viven una neurosis colectiva al oponerse. Por el contrario, son padres, madres, familias y maestros que ejercen su deber y derecho de velar por la salud física y mental de sus niños. Sin duda, se trata de un material de alto contenido sexual. Esta preocupación legítima no es un asunto exclusivo de los boricuas. En otras partes del mundo el concepto género es altamente cuestionable. Por ejemplo, la política pública del Instituto Nórdico de Género (NIKK, por sus siglas en noruego) ha sido seriamente cuestionada, y se le critica por ser un mecanismo de lava cerebros,[81] luego de haber sido una de las jurisdicciones pioneras por muchos años en ese campo. El concepto de género carece de base científica alguna.[82] No obstante, los políticos y de izquierda que

---

[81] http://www.forumlibertas.com/lavado-de-cerebro-el-consejo-nordico-de-ministros-decide-cerrar-el-instituto-de-referencia-de-la-ideologia-de-genero/
[82] El film que desmontó la ideología de género, *La Gaceta*.
http://www.gaceta.es/noticias/documental-desmonto-ideologia-genero-07072014-1436

controlan el Gobierno, luchan por darle apariencia de cientificidad[83] a un asunto puramente ideológico y subjetivo de políticos de izquierda, en ese país.

Por lo tanto, es improcedente la decisión del DE de poner en práctica un experimento social sin validez científica sobre nuestros niños. También como patrono es cuestionable el que exponga a algún personal a un material impropio que atenta contra su conciencia, la moral, la ley y el orden público. Además de ser una violación a la libertad de conciencia, pudiera constituir una violación al derecho constitucional de todo empleado a la protección contra riesgos a su salud o integridad personal (Const. ELA, Art. II sec. 16), induce so color de autoridad a los maestros a cometer delito,[84] y maltrato institucional,[85] exponiendo a menores a

---

[83] *"Stortinget - Møte onsdag den 28. april 2010 kl. 10" (in Norwegian). Stortinget. 2010-04-28. Retrieved 2012-09-01.; "Stortinget - Møte tirsdag den 8. juni 2010 kl. 10" (in Norwegian). Stortinget. 2010-06-08. Retrieved 2012-09-01.*

[84] Art. 143 (C), (D), (f). Código Penal de Puerto Rico, 2012. http://www.lexjuris.com/lexlex/Leyes2012/CodigoPenal2012.pdf

[85] Maltrato institucional - cualquier acto en el que incurre un ... cualquier

material pornográfico o nocivo a su integridad mental o emocional. Aun así, el DE no ha descartado su empeño de implantar la tan controvertible educación de perspectiva de género.

En cuarto lugar, género no es una categoría sociológica enseñable a menores. La psiquiatra Emilce Dio Bleichmar[86] advierte que:

> "[...] género no es una categoría sociológica o antropológica. Esa no fue la intención de Money. Sino que, al trasladarse ese concepto a otros campos, este lo han transformado y convertido en metodología de análisis y se ha confundido la asimilación y el amplio uso que se ha hecho de este concepto en las ciencias sociales con el concepto mismo,

---

empleado o funcionario de una institución pública o privada que ofrezca servicios... o que tenga bajo su control o custodia a un menor para su cuido, educación … que cause daño o ponga en riesgo a un menor de sufrir daño a su salud e integridad física, mental y/o emocional, incluyendo, pero sin limitarse, el abuso sexual; incurrir en conducta obscena ... que sucede como el resultado de la política, prácticas y condiciones imperantes en la institución... Art. 3 (w), Ley 246 del 16 de diciembre de 2011. http://www.lexjuris.com/lexlex/Leyes2011/lexl2011246.htm
[86] Burín, supra. p. 131.

que ni por su origen ni por su naturaleza es exterior al individuo y a su subjetividad; todo lo contrario, se trata de una noción eminentemente psicológica. Money lo describe como un sistema de relaciones cara a cara de los padres y familiares cercanos con la cría humana durante los dos o tres primeros años de vida, que a partir de este tipo de relaciones es que el sentimiento íntimo de ser nene o nena se instituye en el psiquismo". (Énfasis suplido).

Esta advertencia de Dio Bleichmar y del propio Money, nos da la razón de que la enseñanza de género es una intromisión indebida del Estado a la psiquis del menor y a esa relación cara a cara (es decir, relación estrecha, íntima y del diario vivir) de la familia con sus hijos. La imposición de la educación de género es una política que atenta contra la libertad de conciencia, el derecho de los padres en su función humana más básica y contra la dignidad de los niños como seres humanos a no ser discriminados por su genética sana. En niños sanos no hay nada que corregir o curar en el sistema sexual de sus cuerpos.

En quinto lugar, los activistas homosexuales son quienes promueven la educación de género. Rodríguez del Toro también señala que los opositores son homofóbicos [sic] y que desinforman al decir que la perspectiva de género tiene relación con enseñar homosexualidad. Este es el décimo elemento para desinformar; o sea, negar lo que en realidad se pretende. Una vez más recurren a la táctica de intimidar al opositor, en este caso llamándoles homofóbicos [sic]. Veamos qué dicen varios teóricos homosexuales sobre la relación de este tipo de educación y la homosexualidad.

La Fundación Internacional para la Educación de Género se creó en noviembre de 1986 por el transexual Merissa Sherrill Lynn. Ellos usan el nombre de educación del género para orientar a la sociedad sobre las personas que se cambian de sexo o la apariencia del sexo, o sea transgéneros, y para dar apoyo a estos.[87]

Como pueden apreciar, tal educación no va dirigida a fomentar los derechos de la mujer o los niños, sino a tratar asuntos de la conducta transexual.

Gordene Olga MacKenzie, en su libro *Transgender Nation* (1994),[88] escribió que género es la manera más efectiva de control social. MacKenzie documenta y apoya la visión del Movimiento del Género de 1990 de transexuales y transgéneros, incluyendo la Fundación del transexual Sherrill Lynn. MacKenzie propone que criar y educar sobre masculinidad y feminidad es producto de una sociedad bipolar enferma.[89] Según ella, el prejuicio o discrimen por género comienza a temprana edad, antes de primer grado.[90] Esto explica el afán de controlar la mente de la niñez con la educación de género. Más aún, esta tendencia de filosofía educativa "genérica" ha llegado al extremo de que algunos

---

[87] International Foundation for Gender, http://oasis.lib.harvard.edu/oasis/deliver/~sch01444
[88] MacKenzie, Gordene Olga, *Transgender Nation* (Bowling Green University Popular Press, 1994).
[89] MacKenzie, Id. p. 146, 157.
[90] Id.

activistas sexuales y de la comunidad homosexual, ya proponen que se prohíba notificar en el certificado de nacimiento el sexo de cada criatura al nacer; entre ellos está la profesora homosexual Barb Burdge.[91] Todo lo antes mencionado comprueba que bajo el constructo llamado perspectivas o teorías del género, lo que se fomenta es el transgenerismo, el transexualismo, travestismo, bisexualismo y homosexualismo, entre otros; y no los derechos de mujer.

En nuestra opinión, de seguirse esta tendencia con el respaldo de políticos y psicólogos irresponsables —los llamados peritos en la Academia—, los padres, madres y maestros que se opongan a la aceptación de esta ideología correrían el riesgo de ser declarados incompetentes para criar y educar a los menores. Es forzoso concluir que aquellos

---

[91] Burdge, B. *Bending Gender, Ending Gender: Theoretical Foundations for Social Work Practice with the Transgender Community.* (n. d.) >The Free Library, 2014, Retrieved Sep 15 2015 from, http://www.thefreelibrary.com/Bending+gender%2c+ending+gender%3+theoretical+foundations++for+social...-a0168292343

estudiantes que conserven una identidad integral mente-cuerpo y debidamente orientados a la relación con su sexo opuesto, pudieran ser etiquetados como enfermos mentales o bipolares. Si le parece absurda esta posibilidad, ya los psicólogos de la ideología homosexual en control de la Academia pretenden establecer que aquellos ciudadanos que no acepten la homosexualidad como un estilo sano de vivir, sean diagnosticados con un desorden mental[92] llamado homofobia [sic]. Los ideólogos homosexuales pretenden obligar a sus opositores a aceptar su ideología o, de lo contrario, serían medicados y "curados" en centros de lavados de cerebros y de "aprendizaje". Esta tendencia explica el discurso tipo diagnóstico de la doctora Rodríguez del Toro, en el cual etiqueta a sus opositores de

[92] Metaxes, Eric, *Think Gay is Wrong? Then You're Not Right in Your Head, Claim Scientists* (Oct. 30 2015), https://www.lifesitenews.com/opinion/think-gay-sex-is-wrong-then-youre-not-right-in-the-head-claim-scientists; Kristin Magaldi, *Homophobia Linked to Psychological Traits Suggesting it Could Indicate Mental Health Disorder* (Sept. 10 2015), http://www.medicaldaily.com/homophobia-linked-psychological-traits-suggesting-it-could-indicate-mental-health-352136

neuróticos y homofóbicos [sic] o que padecen un miedo irracional.

Como cuestión de hecho, la noción de género es muy abstracta, vaga y carente de materialidad, por lo que no existe físicamente. Nadie se viste del abstracto "género", ni siquiera el presidente de la Fundación Internacional de Educación de Género. Él se viste de mujer. De otra parte, el sexo es una cualidad física observable del ser humano y aun de muchas especies de animales, insectos y hasta algunas plantas. Por lo tanto, cuando un individuo practica alguna de las modalidades presentadas como "genéricas", no tiene otra alternativa que proyectar una mera apariencia del sexo opuesto a su biología o lucir una fachada híbrida; pero nadie se puede vestir o tener expresión o conducta de género, sino de mujer o de hombre.

Aun el caso del varón Stefonknee Wolscht, quien opta por ser niña y para identificarse como tal se viste de una fémina menor de edad. Wolscht es un transexual que, antes de transformarse en apariencia de mujer, se llamaba Pablo y estaba casado. A los 46 años de edad, Wolscht abandonó a su esposa y sus siete hijos para vivir lo que considera su vida "verdadera". En una entrevista en *The Daily Xtra*, él detalla su lucha por convertirse primero en una mujer y, después, en una niña de seis años de edad que habita en un cuerpo de un hombre de más de 50 años.[93]

No queramos tapar el cielo con la mano, el individuo se manifiesta, se viste, se comporta o dice sentir no como un género, sino como mujer o como varón, y según los símbolos culturales de su época. O sea, se desenvuelve como uno de los dos sexos o ambos. Por esto inevitablemente, cuando se habla de género, todas estas conductas son en función de alguno de los dos sexos. Sin embargo, los practicantes de la ideología de género tienen la creencia de que la indumentaria y la conducta que exhiban los transformará en un sexo diferente al suyo. Quizá con sus arreglos externos podrán engañar

---

[93] Un hombre de 52 años se transforma en una niña de seis. http://www.cronicaglobal.com/es/notices/2015/12/un-hombre-de-52-anos-se-transforma-en-una-nina-de-6-anos-29521.php .11de diciembre 2015

a los demás, pero al despojarse de todo ello en su fuero interior se encuentran con su biología inexorable que los identifica hasta en sus huesos.

A menos que el Estado imponga entonces un mameluco de uniforme para que todo el mundo vista igual, tal como ocurrió bajo el régimen comunista con el "uniforme maoísta" que imponía la misma vestimenta para los hombres y mujeres civiles.[94] Se le prohibió a la mujer usar faldas o vestidos, y maquillaje. Esto se consideraba un signo de la esclavitud sexual de la mujer. Se obligó a las mujeres a usar el mismo tipo de atuendo de los hombres, un tipo de uniforme de dos piezas: pantalón y camisa, con una gorra de visera. Aun así, el mameluco genérico se derivaba de la figura del varón, en aquella cultura.

La exposición contundente de MacKenzie en apoyo a la visión del Movimiento del Género de 1990 de transexuales y transgéneros, y de la

---

[94] Holland, J. (2010). *Una Breve Historia de la Misoginia*. México: Océano.

Fundación Internacional de Educación del Género, del transexual Sherrill Lynn, desmiente a la doctora Rodríguez del Toro y a sus colegas. MacKenzie plantea que solo hay un género y que toda persona es transexual; así como hace énfasis en que la crianza y educación sobre masculinidad y feminidad es producto de una sociedad bipolar (en la pág. 157 de su libro), como mencionáramos antes. Claro está, que esto sería considerado de esta forma desde el punto de vista de psicólogos homosexuales o de homosexuales, transexuales y de otras orientaciones sexuales.

Esta evidencia nos explica por qué ningún grupo de activistas homosexuales ha presentado oposición contra la enseñanza de género; antes bien, son sus promotores. Solo podemos concluir que la educación de género sí va dirigida a enseñar y promover la conducta homosexual y sus variantes de trans, bisexuales y otras, por lo que vemos que los grupos opositores tienen razón. Por otro lado, si género no tuviera nada que ver con homosexualidad, ¿por qué los mismos proponentes tildan de "homosexual-fóbicos" a los que se oponen al concepto de género? La contestación es sencilla: porque ellos saben que género y homosexualidad sí están relacionados. O como diría la sabiduría simplista del jíbaro boricua: es el mismo perro con diferente collar. Nos quieren pasar gato por liebre.

A la luz de la explicación gráfica y honesta de MacKenzie y de Sherrill Lynn, cuando los demás proponentes del género niegan que la educación de perspectiva de género sí enseña la homosexualidad y sus variantes de conductas, están siendo deshonestos e injustos hacia los propios individuos con conducta homosexual. Si dicha conducta es tan correcta y buena para todos, ¿para qué ocultarlo en lugar de admitir que, en efecto, se va a enseñar homosexualidad? Entonces, perspectiva de género no es otra cosa que el clóset conceptual para disimular la verdadera agenda homosexual o la comunidad *gay* (como se autoproclaman utilizando un anglicismo), cuyo objetivo es adoctrinar a los menores con su ideología. La negación de la doctora Rodríguez del Toro al respecto es el vivo ejemplo del estilo de desinformación intencional que se está utilizando a nivel mundial.

La visión de los proponentes homosexuales sobre el género es que ser homosexual es lo natural, a pesar de que no hay base científica alguna para sostener ese mito. Su dogma es que ser varón o hembra es un constructo social, no biológico o natural, y a esa visión es lo que llaman género. Pero en el fondo, ellos saben que la homosexualidad es una conducta aprendida que ellos llaman género, y de ahí su empeño en que los niños sean expuestos a ella. Los teóricos del género, como MacKenzie, entienden que género es la manera más efectiva de control social, con el propósito de que el constructo de la homosexualidad impere sobre toda la sociedad. Mientras, la visión de los oponentes es que el ser humano está genéticamente definido como varón o hembra, y que la homosexualidad es el verdadero constructo social; es decir, una conducta aprendida y reforzada por el ambiente social.

Como madres, padres y profesionales de diversas ramas —incluyendo maestros y psicólogos con cordura—, y adultos responsables en general que se oponen a esa educación genérica, lo que procuran es que los menores alcancen el máximo desarrollo de sus capacidades humanas y fisiológicas en plena salud de manera integral, lo que incluye, entre otras cosas, la capacidad de reproducción una vez alcancen su adultez. En ese sentido, el sistema sexual del cuerpo del hombre y la mujer es patentemente diferente y complementario. No hay que ser un erudito en ciencias para sostener esta verdad que por milenios ha preservado la existencia de la especie humana. Sin embargo, a esta maravillosa capacidad reproductiva, Money la cataloga como la parte carnal y sucia[95].

---

95 Money, supra p.52

Los oponentes de la ideología de "género' son pro vida, para asegurar la especie humana de manera ordenada y estable para el mejor desarrollo de sus hijos. A eso muchos le imparten una visión religiosa, corroborando esta biología o realidad de la naturaleza de ambos sexos. O, dicho de otra manera, las ciencias puras como la biología corroboran lo que dice el cristianismo. Sin embargo, los proponentes, abusando de las ciencias de la conducta, llaman homofóbicos [sic] neuróticos y medrosos irracionales a quienes procuran que sus hijos alcancen y sean enseñados a desarrollar el máximo de sus facultades anatómicas, reproductivas y afectivas.

VI.
Relación de género y orientación sexual

A. Trasposición de los conceptos

La doctora Rodríguez del Toro señala que los oponentes del género confunden género con orientación sexual, con la intención de desinformar. La confusión de género con orientación sexual tampoco fue creada por los oponentes, sino que son los propios proponentes quienes imbrican o trasponen género y orientación sexual, y usan como sinónimos ambos conceptos. Por ejemplo, en la jerga homosexual, recopilada por Bruce Rodgers, la expresión *discovering gender* (descubriendo el género) es sinónimo de descubrirse a sí mismo como homosexual.[96] O sea, que descubrir su género es igual a descubrir su orientación sexual, homosexual.

Desde su origen, género y orientación sexual representan las dos caras de la misma moneda. Money y su aliado el doctor Alfred

---

[96] Rodgers, Bruce, Gay Talk, *A Dictionary Gay Slang* (1972) p. 95.

Kinsey, creador de la teoría de orientación sexual, se colaboraban entre sí con sus conceptos y visión de la sexualidad humana. Como parte de sus estilos de vida, ambos practicaron sexo con otros varones y exhibían pornografía a menores, entre otras prácticas grotescas y crueles que cometieron con aquellas criaturas, durante sus supuestos experimentos científicos. Ellos fueron los arquitectos intelectuales de la ideología que se pretende imponer en la educación pública y privada.

El Instituto Kinsey ofrece la beca Money[97] y en dicho Instituto se alberga una especie de museo de la obra de Money. Ambos se citaban mutuamente en sus escritos. Por ejemplo, el propio Money admite la congruencia del concepto de orientación sexual para definir o clasificar géneros: "[...] *gender transposition and*

---

[97] *The John Money Fellowship for Scholars of Sexology* was established in 2002 by Dr. John Money. The fellowship is to support graduate students whose scholarly work would benefit from the use of library and archival materials at the Kinsey Institute. ...The Kinsey Institute Library houses John Money's lifelong work, including his correspondence, lectures, media interviews and documentaries, as well as books, manuscripts, articles and other writings.
http://www.indiana.edu/~kinsey/library/moneyfellowship.htm

gender cross-coding are synonymous [...] One way of classifying gender cross-coding is the simple seven point (zero to six) scale devised by Kinsey, commonly referred to as the Kinsey scale... It is a scale constructed on the assumption that exclusive heterosexuality is 0 and exclusive homosexuality (rate six) are pole extremes of the same continuum". [98]

Dicho en español: la transposición de géneros o cruce de los códigos de géneros son sinónimos. Y la escala de Kinsey es una manera de clasificar la variedad de estos géneros. Esta es la escala de orientación sexual de Kinsey que presume que la heterosexualidad exclusiva es cero. Es decir, nadie es heterosexual, y las escalas 1 al 6 son variantes de homosexualidad; desde bisexualidad, hasta la escala 6 que es la homosexualidad pura. Esas variantes son las modalidades de los géneros. Por lo tanto, género es enseñar que los niños y las niñas no son heterosexuales, (porque es 0), sino que han de ser las variantes de géneros de las escalas 1 al

---

[98] Id. Money, J., *Gay, Straight, and in Between, the Sexology of Erotic Orientation* (1988) pp. 84-85.

6. Una ecuación nos ayudará a ver la relación de género y orientación sexual. A continuación, ilustramos la ecuación:

Si el conjunto de

$$\{A,B,C,D,E,F,G\}=X,$$

y el conjunto de

$$Y = \{A,B,C,D,E,F,G\},$$

Entonces, $X = Y$

A la luz de la admisión de Money, apliquemos esta ecuación. Si la escala de Kinsey comprende los **7** tipos o variantes de **OS** (orientación sexual) del 0 al 6, el conjunto es:

$$\{0, 1, 2, 3, 4, 5, 6\} = OS$$

y **G** (los cruces de códigos géneros) se pueden explicar o clasificar en esos 7 tipos de **OS,** o sea

$$G = \{0, 1, 2, 3, 4, 5, 6\} \; ; \text{entonces}$$

$$G = OS$$

Género = Orientación Sexual

Las proposiciones o teorías de Money y de Kinsey se trasponen ellas mismas y resultan en lo mismo. Son una aparente cientificidad para justificar a la homosexualidad y sus variantes. Con este *"artificio científico"*, Money y Kinsey[99] se autocrearon un apoyo emocional para justificar sus propios mundos interiores. Es decir, se construyeron una explicación *"self-serving"*[100] a sus respectivos traumas y desvaríos sexuales, para legitimarlos ante sí y ante los demás. (Trataremos más adelante este asunto del " self-serving".*)*

B. Manipulación del lenguaje como antifaz

Ya se usé la palabra género u orientación sexual, ambas son un eufemismo conceptual con el fin de hacer aceptable la homosexualidad sin llamarla francamente así. Los proponentes usan palabras que suenen grandilocuentes como género, disforia del género, identidad de género, orientación sexual, y hasta recurren a

---

[99] Jones, J., *Alfred C. Kinsey: A Public/Private Life* (1977) pp. 602-603.
[100] Farnsworth, W. The Legal Regulation of Self Serving Bias, 37U, C Davis L Rev. 567,568-570 y 602 (2003)

anglicismos o barbarismos, ya que en español no suenan aceptables, sino grotescas. Incluso algunas son palabras soeces propias de la jerga en la subcultura homosexual que se caracteriza por el uso de un lenguaje sexual explícito, violento y vulgar. (Hemos llegado a esa conclusión luego de evaluar el diccionario de Bruce Rodger, *Gay Talk*, de 1972).[101]

Exponemos algunas de esas palabras, no porque avalamos su jerga, sino para sostener nuestra apreciación y desenmascarar el enchape de intelectualidad a frases grotescas para comunicar ciertas conductas. Por ejemplo, palabras tales como *gay* que significaba alegre, luego se usó para referirse a burdeles y a prostitución de hombres y mujeres[102] y, más adelante, se comenzó a acuñar en las cárceles[103]

---

[101] Rodgers, B. Gay Talk (formerly entitled The Queen Vernacular a (sometimes outrageous) Dictionary of gay slang. Paragon Books 1972)

[102] *The Dictionary of American Slang* reports that *gay* (adj.) was used by homosexuals, among themselves, in this sense since at least 1920. Rawson ["Wicked Words"] notes a male prostitute using *gay* in reference to male homosexuals (but also to female prostitutes) in London's notorious Cleveland Street Scandal of 1889;
http://www.etymonline.com/index.php?term=gay

[103] Homosexual practices are more common than rare in this group, and *gay cat* "homosexual boy" is attested in Noel Erskine's 1933

para referirse al varón que asume el rol de mujer; la teoría *queer* (que en español, sería teoría marica o de los maricones[104] o teoría inusual, de los raros o extraños); y teoría *drag queen* (que en una traducción literal sería teoría de la reina arrastrada, del travesti o de "la loquita").

Algunos defensores de dicha jerga aducen que tales términos no tienen traducción. Por ejemplo, según Lamas y Guasch, "el vocablo *queer* no tiene traducción al español. La Teoría Queer se ha intentado traducir como teoría torcida, teoría marica, teoría rosa, teoría 'entendida', teoría transgresora; sin embargo, casi siempre se pierde el sentido preciso de la palabra inglesa, por lo que pensamos que es preferible utilizarla en el idioma original".[105] Esa explicación sería válida si se tratara de una situación única de los ingleses, pero se refiere a

---

Dictionary of Underworld & Prison Slang (*gey* is a Scottish variant of *gay*). http://www.etymonline.com/index.php?term=gay
[104] http://www.interglot.com/dictionary/en/es/translate/queer; http://es.urbandictionary.com/define.php?term=Mhttp://www.spanishdict.com/translate/maric%C3%B3Maricon
[105] (citados en, http://www.scielo.org.mx/scielo.php?pid=S0187-01732009000100003&script=sci_arttext):

un fenómeno conductual que existe en otras culturas. Bajo el término *Queer*, Rodgers recopila varias descripciones[106] de la tal conducta, y en síntesis se trata de la conducta afeminada en un varón. Ciertamente esa conducta tiene su nomenclatura, según el uso y lenguaje propio de cada región. En Puerto Rico, sería teoría maricona.

Al menos usan bien la palabra *straight*[107] (derecho) para referirse a la mujer o al hombre que tiene integridad mental y física de su sexo, que no es homosexual, o lo que llaman heterosexual. Entonces, si los heterosexuales son para ellos los *straights*[108] ("derechos"), entonces los no heterosexuales son los "torcidos" o desviados. Es decir, volvemos entonces a lo que la psiquiatría y psicología consideraba como trastorno de identidad sexual antes de que se hicieran cambios en el *Manual Diagnóstico y Estadístico de los Trastornos Mentales*

---

[106] Rodgers, *supra.* p. 165.
[107] Usada por John Money en *Gay, Straight and in Between: The Sexology of Erotic Orientation* (1988)
[108]Rodgers, B., *supra*, p. 190.

(DSM, por sus siglas en inglés), en 1973. En virtud de las presiones ideológicas de los activistas sexuales y miembros de la comunidad de lesbianas, *gays*, bisexuales, transgénero y transexuales (LGBTT), y de los que apoyan la teoría o perspectiva de género, primero eliminaron la homosexualidad en una de sus revisiones, y más recientemente hicieron lo mismo con el trastorno de disforia de género, en su reciente edición DSM 5.

Dos de los ejemplos más claros de cómo los proponentes intercambian o transponen los conceptos de género y orientación sexual, lo ilustra la Fundación Internacional para la Educación de Género y la propuesta que plantea Gordene Olga MacKenzie en su discurso sobre la defensa del género, para referirse a la transexualidad y otras modalidades de la homosexualidad. Según su ideología, hay que prevenir que un niño que es varón o que una niña que es hembra se descubran ellos mismos tal cual son, de manera que cuando alcancen su madurez fisiológica no ejerzan una sexualidad correlativa a su sexo biológico. A juicio de MacKenzie una persona así, con mente y cuerpo integral, sería anormal o desviado de la norma por ser producto de una educación bipolar. Por esto la educación de género a la que se refiere MacKenzie converge con el modelo de orientación sexual de Kinsey de que todo el mundo es homosexual o sus variantes, y la heterosexualidad es 0, a tenor con su escala.

No se debe ignorar que la doctora Reisman corroboró que la teoría de Kinsey fue el producto de sus crímenes contra miles de menores sometidos a abusos sexuales, como parte de sus supuestas investigaciones fraudulentas,[109] justificando con ello su propia conducta de bisexual pedófilo. Este propuso que debe ser un derecho que el individuo desde su niñez autodetermine su orientación sexual.[110] Es decir, esa es la misma meta que postula la perspectiva de género: que cada menor autodetermine su género, lo que Money mismo

---

[109]Reisman, *supra*. p. 49- 68; 96.
[110] Id. Basic sexual rights; p. 81; Part IV "The new biology" and "the Kinsey model" p 169.

clasifica dentro de la escala del 1-6 de Kinsey (0 es heterosexual, no existe).

La realidad es que no habrá tal cosa como que el menor autodeterminará su género u orientación sexual, sino que será un maestro o maestra quien le construirá determinados conceptos y experiencias para un aprendizaje, de modo que se vean amorfos, confusos de su propio sexo. Y cuando el menor se sienta confundido o no se deje inducir por el maestro, o seducir por sus pares, un psicólogo o trabajador social, por órdenes del Estado, afirmará que su orientación sexual o género debe ser homosexual o alguna de sus variantes; debido a que en algunas jurisdicciones se está legislando para prohibir a los profesionales de la conducta reorientar al menor y sacarle de tal confusión. Por ejemplo, New York es el sexto estado en prohibir a los psicólogos y psiquiatras reorientar la conducta sexual de menores.[111]

Ya se llame género u orientación sexual, el

---

[111] *http://www.actuall.com/familia/nueva-york-sexto-estado-que-prohibe-las-terapias-de-reorientacion-sexual-para-gays/.*

efecto o fin último en ambos conceptos es el mismo. Ambas teorías aplicadas a menores crean una distorsión cognitiva en el pensamiento y en las emociones de los estudiantes, con el objetivo de fomentar las relaciones sexuales con personas de su mismo sexo. Eso no es otra cosa que homosexualidad y sus variantes de conducta.

Estos mismos conceptos ya se están enfilando para validar otras conductas sexuales que tanto las teorías de Money como las de Kinsey también proponían normalizar en los niños, tales como el sexo con animales, el incesto y la pedofilia. A esta última ya los activistas sexuales y homosexuales la reclaman como un derecho civil y le llaman "discrimen generacional" (*ageism*) u "hombres que aman a los niños" (*men/boy lovers*), según la North American Man/Boy Love Association (NAMBLA).[112] Es decir, la perspectiva de

---

[112] **Michael Alhonte, *The Politics of Ageism: A Statement to the Lesbian and Gay Community*; NAMBLA;**
Wendy N. Bressner, "I Love Him, and I Know That He Loves Me":
NAMBLA's Attempts to Construct
Ageism as a Social Problem, **Spring 5-2013, en**

género no se circunscribe al eufemismo que los proponentes alegan en pro de los derechos de la mujer, sino que abarca toda la gama del modelo animalista de Kinsey y la filosofía de Money para descriminalizar otras aberraciones sexuales, entre ellas la pedofilia. Esto dijo Money, el creador del concepto género: "Si yo viese el caso de un niño de diez u once años de edad, intensa y eróticamente atraído hacia un hombre de veinte o treinta, si la relación fuese totalmente consentida y el vínculo afectivo fuese verdadera y totalmente recíproco [...] en ese caso, yo no lo calificaría como patológico de ningún modo".[113]

Otro ejemplo es la premisa de los activistas sexuales y de la comunidad de homosexuales y transexuales/transgénero, la cual propone que nacer con un sexo definido de

---

opensiuc.lib.siu.edu/cgi/viewcontent.cgi? NAMBLA is a political, civil rights, and educational organization. We provide factual information and help educate society about the positive and beneficial nature of man/boy love.
https://nambla.org/welcome.html

[113] *Paidika: The Journal of Paedophilia*, Vol. II, No. 3 (primavera 1991), p. 5.

varón o hembra es una anormalidad. Por consiguiente, ellos consideran que al describir el sexo, o sea los genitales observables en el certificado de nacimiento, se causa un daño irreparable a la criatura, según expresiones de la lesbiana Barb Burdge, profesora de Trabajo Social.[114] Ella propone que las clasificaciones de género pueden ser las siguientes (tal como sostienen los investigadores del tema, Burgess, Hunter, Hickerson y Mallon, citados en su trabajo): "bigéneros", "géneros radicales", "buchas-lesbianas", hombres casados que se visten de mujer, travestis, intersexuales, hermafroditas, transexuales, *drag kings* y *drag queens*, o "loconas", *gender-benders* (se viste y comporta como el de su sexo opuesto), homosexuales, *gender-queers* o una persona con dos espíritus (esta última variedad de género es un concepto religioso que los proponentes no atacan, al igual que no atacan el matrimonio homosexual como sacramento religioso del satanismo).[115] ¿Se imaginan llenar una

---

[114.] Ver nota al calce #91.

[115] http://cnpublicidad.com/revista/actualidad/2638-el-matrimonio

solicitud de empleo, de educación, de negocios o de otra índole donde le pregunten "su género", utilizando esas categorías?

Si no se ha dado cuenta, ya se ha ido sustituyendo la palabra "sexo" por "género" en muchos formularios. Eventualmente, si marca "masculino" o "femenino" puede que le tilden de enfermo mental, a tenor con las teorías *queer* o teorías "mariconas" (o según el idioma de su región).

En síntesis, los activistas sexuales, activistas homosexuales o la comunidad de activistas LGBTT se han ingeniado terminologías con definiciones diferentes, pero el resultado ulterior que se persigue, tanto con la proposición de perspectiva de género como con la proposición de orientación sexual de Kinsey, no es otra cosa que establecer los fundamentos ideológicos del sistema "homoerótico". Es decir, un sistema donde impere la homosexualidad y sus variantes, mientras que la relación entre ambos sexos en la escala de Kinsey es 0, por lo que sería tratada como una conducta anormal y sería criminalizada, según los planes de la agenda homosexual: "Todos los hombres que insistan en permanecer estúpidamente heterosexuales, serán juzgados en las cortes judiciales homosexuales y serán convertidos en hombres invisibles". (Traducción nuestra).[116]

A este odio o fobia hacia la heterosexualidad, la feminista doctora Daphne Patai le llama heterofobia.[117] Money también lo define como miedo extremo o terror al amor o lujuria hacia personas del sexo opuesto.[118] Para ilustrar la heterofobia, Patai la describe como una manifestación patológica[119] de feministas extremistas que escribieron el Manifiesto SCUM (Society for Cutting Up Men), quienes promulgan que exterminarán a todos los hombres, excepto a los hombres auxiliares, que

---

[116] Michael Swift, *supra*. "*All males who insist on remaining stupidly heterosexual will be tried in homosexual courts of justice and will become invisible men*".

[117] Dr. Patai, Daphne, *Heterophobia: Sexual Harassment and the Future of Feminism* (2000), pp. 129-161.

[118] Money, *supra*, p. 204.

[119] Patai, *supra*, p. 136.

son aquellos que diligentemente están trabajando para eliminarse ellos mismos, refiriéndose a los homosexuales.[120] Ella advierte que el feminismo tiene diferentes voces y que no todas las feministas aceptan este tipo de aversión hacia los hombres. SCUM al menos admite de forma correcta sobre el efecto de la homosexualidad en los varones; la describe como una manera diligente de eliminarse ellos mismos. Por eso recalcamos que esto es una conducta paulatinamente genocida en hombres y mujeres.

C. El verdadero esquema

¿Qué hay detrás de todo esto? La doctora Reisman en su libro *Kinsey: Crime and Consequences, the Red Queen and the Grand Scheme* describe a Kinsey como un pedófilo bisexual a quien se le conoce como el padre de la sexología humana, y cuya formación académica principal era la zoología. Ella descubrió que el zoólogo Kinsey usó un modelo animalista para explicar

---

[120] Id, p. 138.

la sexualidad humana. Es decir, que aplicó la sexualidad de animales irracionales y amorales para explicar que sus conductas instintivas sin inhibiciones, también deben ser la naturaleza de la sexualidad humana. De esa manera, él concluyó que el incesto, la violación, la homosexualidad, las relaciones múltiples bisexuales, el adulterio, la pedofilia, el bestialismo, etc., no deben ser criminalizadas porque son orientaciones sexuales naturales; mientras que la relación hombre mujer, la heterosexualidad exclusiva es cero, o sea, inexistente o anormal. Por lo tanto, la inferencia lógica es que la heterosexualidad debe ser desalentada o desviada a temprana edad, e inducir a la niñez a una heterofobia.

La ciencia de Kinsey asegura que la víctima de violación olvida fácilmente el incidente de dicha violación. Por lo que él abogaba contra las excesivas penas contra los violadores. Para Kinsey el hombre es un animal, y la violación es solo una reacción natural y normal ante una mujer seductora.[121] A juicio de

Kinsey la mujer disfruta ser violada, u olvida el evento de la violación fácilmente, y que la diferencia entre un caso de violación o haber pasado un buen rato dependerá del hecho de que los padres de la muchacha estén despiertos o no.[122] Estas teorías de Kinsey provocaron el que la feminista Susan Brownmiller condenara enérgicamente a Kinsey.[123]

Como puede apreciarse, estas teorías de Kinsey , no solo atentan contra los niños, sino también contra la mujer. Las teorías de orientación sexual de Kinsey, debería ser motivo para que las feministas y la Academia repudien esta misógina seudociencia.

De igual manera la teoría de Kinsey propone el derecho de los niños a disfrutar de su sexualidad. Este afirmó que los pedófilos no son unos monstruos, que ellos hacen lo mismo que los demás[124]. Reisman revela que la alterada

---

[121] Reisman p.222
[122] Id.
[123] Brownmiller, S, Against Our Will, Men, Women, and Rape, Simon &Schuster, NY 1975,p195. Citado en Reisman, *supra*, p222.
[124] Reisman, *supra* p.211.

base de datos de Kinsey señalaba que el problema son los padres, la policía, los maestros y otras figuras de autoridad (a quienes llama histéricos), porque ellos les enseñan a los menores a no dejarse tocar, lo que le causaba más daño al menor que el mismo abuso sexual.[125] Y así, esos histéricos adultos inhiben a los menores de disfrutar de su sexualidad y violentan sus derechos a una sexualidad natural desde la niñez.

A la luz de esta teoría, en el caso que mencionamos sobre los homosexuales que abusaron sexualmente de su hijo adoptivo (un niño ruso),[126] se justificaría la conducta por considerarla natural y normal; por lo tanto, bajo la visión de Kinsey no deberían ser criminalizados. Como tampoco debería criminalizarse a los padres y madres que abusan sexualmente de sus hijos. Después de todo, la visión de Kinsey es sexo sin inhibiciones; tal como lo hacen los animales porque es lo natural.

---

[125] Id, pp. 211-213.
[126] Ver nota al calce núm. 57 y 58.

Money también proponía, junto a su colega Kinsey, que la pedofilia y la pornografía incluyendo a menores debería ser legalizada.[127] De hecho, ambos expusieron a pornografía a los menores que usaron de conejillos de indias, como parte de sus seudociencias.

Fue Kinsey quien, en su empeño de estimular la sexualidad a temprana edad, estableció las bases para crear un currículo de educación sexual para niños en el sistema escolar.[128] Y su Instituto se constituyó como monopolio y máxima autoridad en sexología, en control de las certificaciones y acreditaciones a los departamentos de educación en salud de las universidades (más adelante abundaremos en este esquema).

Hay que enfatizar que él creó su teoría y llegó a sus conclusiones fundamentado en datos estadísticos alterados y muestras fraudulentas de sujetos. Luego, la investigación de Reisman encontró que los supuestos datos científicos

___

127 Reisman, *supra*, pp. 34; 80-81; 132- 169
128 Id. pp. 81, 169-180

fueron inducidos y adquiridos mediante contrataciones de pedófilos y padres incestuosos que abusaron de miles de menores, masturbándolos y teniendo sexo con niños y niñas entre las edades de dos meses de nacidos hasta la adolescencia, y exponiéndolos a material pornográfico,[129] lo que es análogo al método que Money aplicó a los hermanitos Reimer como parte de sus terapias de "género".

Con sus investigaciones, Reisman también demostró que Kinsey alteró las supuestas estadísticas, así como los sujetos de sus investigaciones. Ella encontró que Kinsey recopiló entrevistas con delincuentes sexuales, prostitutas, homosexuales y satanistas para luego decir que sus hallazgos fueron obtenidos de una población general de mujeres casadas y hombres no delincuentes.

Nos preguntamos cómo es posible que esta aberrada visión de la ciencia haya prosperado. ¿Qué hay detrás de esto? La

---

[129] Id. p 34; Cap.7 The Child Experiments.

investigación de Reisman revela también esa otra parte del esquema. Tanto Money como su homólogo Kinsey fueron financiados por la industria de la revista *Playboy*. Ellos fueron los mejores propagandistas de los valores e intereses de dicha industria en las universidades, bajo el subterfugio de conferencias "científicas" sobre la sexualidad humana. "Kinsey fue quien crió [o fue la cuna] de Playboy, y yo fui su panfletista", dijo uno de los magnates de la industria porno, Hugh Hefner.[130]

Al igual que Money, Kinsey tuvo grandes heridas emocionales durante su crianza con su familia[131] que no superó. Según autores de su biografía, él fue un niño frágil de salud por lo que era objeto de *bullying* (acoso), y también fue víctima de un incidente homosexual en su adolescencia, cuando fue abusado sexualmente por otros seis muchachos en un sótano.[132] De

---

[130] Id. p.102 "[...] *Kinsey was the cradle of the Playboy* […] *Kinsey was the researcher, but I was his pamphleteer*. (Confirmed by publisher Hugh Hefner during a 1996 BBC telecast)"
[131] Id, p. 3.
[132] Jones, James, *Alfred C. Kinsey: A Public/Private Life* (1977), pp. 22-23.

acuerdo con las investigaciones de Reisman, Kinsey sufría desde adolescente una grave compulsión hacia la masturbación. De adulto vivía en una obsesiva masturbación que con los años agravó su salud y falleció, aunque la causa aparente de su muerte fue reportada como una causa cardíaca y pulmonar. [133]

De acuerdo con el fotógrafo oficial del Instituto Kinsey, William Dellenback,[134] Kinsey se tornó en exhibicionista y hacía que lo filmaran desnudo de la cintura para abajo. Además, practicaba la masturbación masoquista. Kinsey mismo se torturaba, introduciéndose en su uretra un limpiapipas y otras veces un agitador de coctel. En otra ocasión se amarró una soga alrededor de su escroto y se colgó de una tubería. (Llama la atención que estas prácticas las hacía en un sótano, lugar similar a donde ocurrió el abuso sexual que sufrió en su adolescencia). En otra ocasión se circuncidó a sí mismo con una navaja, sin anestesia, y sangró

---

[133] Reisman, *supra* pp. 8-10.
[134] Jones, J., *supra*, pp. 738-739.

profusamente. Como consecuencia de esos hábitos para manifestar su sexualidad Kinsey contrajo una fuerte infección en sus genitales y pelvis durante un viaje a Perú, según el testimonio de Dellenback.

Mr. Y, uno de los varios varones que fueron pareja sexual de Kinsey, declaró que Kinsey le llevaba a su esposa Clara distintos hombres para que tuviera relaciones sexuales, porque él era impotente. No obstante, con él (Mr. Y) practicaba sexo oral, anal y sadomasoquismo, donde Kinsey asumía el rol masoquista. Aseguró que le vio introducirse en su uretra objetos como cepillos dentales, lápices, y luego amarrar fuertemente sus genitales para sentir dolor. A juicio de Mr. Y, Kinsey se convirtió en un adicto sexual.[135] "Vivía atrapado en un círculo de ingerir drogas tranquilizantes para poder dormir, y dependía de drogas estimulantes. Sus demonios le perseguían de noche." [136]

---

[135] Id., pp. 604-611.
[136] Id. p.740

La doctora Miriam Grossman, con estudios especializados en pediatría y psiquiatría de niños, adolescentes y adultos,[137] describe a Kinsey: *"como un individuo muy afligido o afectado en lo más profundo de su ser. Era un depravado, y su desajuste emocional lo expresaba en su propia sexualidad. Estaba consumido en una grotesca y debilitante obsesión, en una amplia gama de conductas anormales. Les ahorraré los detalles, pero dudo que él supiera siquiera por un día lo que se puede considerar una sexualidad saludable. Kinsey tenía un sueño, probarle al mundo y probarse a sí mismo que su miserable estilo de vida era normal. Promedio. Típico"*, termina diciendo la doctora Grossman.[138] ¿Este es el genio creador que debemos emular en la educación de los niños?

Según las investigaciones de la doctora Reisman, la teoría de orientación sexual y la creencia o visión de lo que debe ser la sexología según Kinsey, por décadas se ha seguido

---

[137]http://www.vitals.com/doctors/Dr_Miriam_Grossman.html

[138] Grossman, Miriam, Dr. *A Brief of Sex Ed: How We Reached Today's Madness*, July 6,2013;
http://www.thepublicdiscourse.com/2013/07/10408/

proliferando a través de entidades internacionales y nacionales que surgieron del propio Instituto Kinsey, tales como: American Society for Sex Educators, Counselors and Therapists (ASSECT), Sexuality Information and Education Council of the United States (SIECUS), Society for the Scientific Study of Sexuality (SSSS), The Commision on Accreditation, Sex Education Curricula y Planned Parenthood, entre otras.[139] En todas fueron colocados los colegas del equipo del Instituto Kinsey, colaboradores en sus orgias y en algunas de ellas hubo miembros que a su vez fueron parte de *Penthouse Forum* y conferenciantes que promovían la pornografía.[140] A través de esos organismos, ellos se aseguraban que todo estudiante y programas de educación sexual, asimilaran tales creencias para recibir las certificaciones o credenciales correspondientes.

SIECUS y Planned Parenthood han sido instrumentales en la educación sexual en el

---

[139]Reisman, *supra*, pp. 174-180.
[140]Id.

sistema escolar. SIECUS se fundó con el apoyo económico de magnates de la industria pornográfica, por la doctora Mary Calderone, exdirectora médica de Planned Parenthood y quien mantuvo estrechos lazos con el Instituto de Kinsey. El cofundador de SIECUS fue Walldell Pomeroy,[141] uno de los compañeros sexuales de Kinsey, y quien fuera miembro de la junta de la revista pornográfica *Penthouse Forum*.[142] Varios de los seguidores de Kinsey, quienes fueron oficiales de SIECUS, argumentaban a favor de eliminar el tabú contra la relación sexual de adultos con niños, incluyendo el incesto. Pomeroy, vicepresidente de la Junta de Directores de SIECUS dijo: "Es tiempo de admitir que el incesto no debe ser prohibido, no es una perversión ni una enfermedad mental, sino que puede ser beneficioso". John Money, también miembro de dicha junta dijo que: "la experiencia sexual con adultos durante la niñez no es dañina para el menor". Esto fue

---

[141] Grossman, M. Dr, **History of Comprehensive Sexuality Education** http://www.stopsexualizingchildren.org/ssc/history.cfm
[142] Reisman, supra.

documentado por la revista *Time* en 1980, en el artículo *"Attacking the Last Taboo"*, donde dicha revista les llamó los cabilderos pro incesto (*the pro-incest lobby*), esto según lo resume la doctora Grossman. Ella aclara que así fueron los comienzos ideológicos de esa organización, y que al presente al menos no abogan por la pedofilia y el incesto.[143] No obstante, sus postulados siguen las demás absurdas proposiciones de Kinsey. Entre ellas que los niños son sexuales desde su nacimiento, refiriéndose a que sean activados sexualmente desde que nacen[144]. Money también abogaba "como ciencia" el que se usara material pornográfico para la educación en niños normales,[145] por lo que sus teorías siguen siendo fruto del árbol ponzoñoso.[146]

---

[143] Grossman, *supra*.

[144] Resiman, *supra* pp. 169; 224.

[145] Money,J. Cited in The Medical Tribune and medical news, Feb 24, 1970; citado por Bocek Margaret and Reisman, J., *Back Grounder of American Sex Reeducation*; Oct 1989.
http://www.drjudithreisman.com/archives/Washington_DC_Sex_Re-Ed_Starts_in_1958.pdf

[146] Término que se usa en derecho probatorio para suprimir toda evidencia que provenga o se derive de algún proceso que sea contrario a las Reglas de Procedimiento Criminal. Wong Sun v. United States, 371 U.S. 471 (1963). Illegally obtained evidence (the poison tree) is sometimes used to

Tres de los centros pioneros de sexología fueron liderados por los colegas de Kinsey. Por ejemplo, su amante Wardell Pomeroy, y coautor de *Penthouse Forum*, lideró el Instituto Para Estudios Avanzados en la Sexualidad Humana en San Francisco; el activista homosexual Deryck Calderwood (quien murió de sida), pasó a crear y dirigir el Departamento de Educación en Salud de la Escuela de Pedagogía en la Universidad de New York; y Kenneth George pasó al Departamento de Salud de la Escuela de Pedagogía en la Universidad de Pensylvania.[147] Así sucesivamente, esos y otros agentes fueron sembrando el fruto del árbol ponzoñoso del Instituto de Kinsey, y en el cual se alberga un museo de las obras y escritos de Money.[148]

Muchos de los que hoy son educadores, expertos en sexología y en currículos de salud y

---

generate derivative evidence (the poison fruit). Since the poison tree's first generation evidence must be suppressed, the fruit of the poisonous tree doctrine argues that derivative generation evidence should also be suppressed. Citado en Miranda Right-to-Counsel Violations and the Fruit of the Poisonous Tree Doctrine». *Indiana Law Journal* 62: 1061;fall 1987.
[147] Reisman, *supra*, p. 170.
[148]http://www.indiana.edu/~kinsey/library/moneyfellowship.html

género, han sido egresados de algunos de los programas certificados por los discípulos de Kinsey y/o usan sus referencias o materiales educativos. Estos tienen como fundamento los fraudulentos procesos estadísticos, muestras viciadas y los actos de tortura a miles de infantes sometidos a pedófilos y/o padres incestuosos, desde los dos meses de nacidos, como comprobó la doctora Reisman en sus minuciosas investigaciones. Reisman documenta todo ese esquema a través del cual las teorías de Kinsey o la llamada "Nueva biología" de Kinsey comenzó a permear el sistema educacional.[149]

Otros países hispanos, europeos y Canadá han sido influenciados por ese desacertado enfoque de Money y Kinsey sobre la sexualidad humana. Un enfoque o desenfoque animalista, disfuncional y deshumanizante.

Dicho marco conceptual sobre la sexualidad de los menores explica la visión del contenido de materiales altamente eróticos y

---

[149] Reisman, *supra* p. 169.

pornográficos, tales como el libro *Quiero saber*, el libro *Mejor te lo cuento: Antología personal,* de Juan Antonio Ramos, que el Departamento de Educación (DE) en Puerto Rico se empeña en imponerles a los estudiantes, y que fueron adquiridos por la administración del entonces secretario, el doctor César A. Rey Hernández (actual director de la Junta de la Fundación Ricky Martin)[150] e impulsados por el doctor Rafael Aragunde en sus respectivos términos como secretarios de Educación. Igualmente, libros como *Sexo... ¿qué es?; Nuestra sexualidad;* y otros adquiridos por el actual secretario Rafael Román, van dirigidos a exacerbar la sexualidad y la masturbación en los niños.

No obstante, fue el exsecretario César A. Rey Hernández quien aprobó la Carta Circular Número 3-2004-2005 del 12 de agosto de 2004, y estableció como Política Pública de Educación en Salud Sexual en las Escuelas del

---

[150] El presidente de la Junta de Directores de la FRM, el sociólogo y catedrático César Rey, dijo en una rueda de prensa que…. http://www.impactony.com/tag/fundacion-rickymartin/#sthash.Y4EtZPsH.dpbs

Departamento de Educación el modelo de Kinsey, y aneja un documento de la consultora Gloria Mock.[151]

Entre otras cosas, dicha circular incluye el concepto de orientación sexual de Kinsey: *"Orientación sexual - El concepto se refiere a la atracción hacia personas del mismo sexo, del sexo opuesto o de ambos sexos…La orientación sexual se visualiza como un continuo que incluye la heterosexualidad, la bisexualidad y la homosexualidad".*[152] Este es el famoso concepto del "continuo de Kinsey".[153]

"As Kinsey writes in Sexual Behavior in the Human Male (1948): 'Males do not represent two discrete populations, heterosexual and homosexual. The world is not to be divided into sheep and goats… The living world is a continuum in each and every one of its aspects'.

---

[151] Carta Circular Número 3-2004-2005 del 12 de agosto de 2004, p.15
[152] Id.
[153] Castillo Ortiz, Héctor, psicólogo y sexólogo clínico México, D. El Continuo de Kinsey F.
http://www.geosalud.com/sexologia/profesionales_articulos/el-continuo-de-alfred-kinsey.html

The authors add in Sexual Behavior of the Human Female (1953):

"It is a characteristic of the human mind that tries to dichotomize in its classification of phenomena... Sexual behavior is either normal or abnormal, socially acceptable or unacceptable, heterosexual or homosexual; and many persons do not want to believe <u>that there are gradations in these matters from one to the other extreme.</u>"

Kinsey also reported:

"<u>While emphasizing the continuity of the gradations between exclusively heterosexual and exclusively homosexual</u> ... An individual may be assigned a position on this scale, for each period in his life... A seven-point scale comes nearer to showing the many gradations that actually exist." (pp. 639, 656).[154]

Para desmentir una vez más la desinformación de que género no tiene nada que ver con sexo, el documento de la consultora Mock que anejaba dicha circular dice bien claro:

---

[154] Kinsey's Heterosexual- Homosexual Rating Scale, http://www.kinseyinstitute.org/research/ak-hhscale.html

"...La sexualidad incluye las siguientes dimensiones:

- La identidad sexual

- El rol del género

- El comportamiento erótico

- La orientación sexual

- Los estilos de vida" (Énfasis suplido)

De esta manera es que penetró el germen de Kinsey y Money en la educación en Puerto Rico. Las cartas circulares y órdenes posteriores que se han seguido emitiendo por todas las demás administraciones, son un refrito con un lenguaje mejorado. Invitamos a los lectores de otros países a que investiguen y delaten el esquema Kinsey-Money en sus respectivas naciones.

Bajo la teoría de género, Money fomentaba las reasignaciones de sexo, que para muchos pacientes implicaban cambiar su cuerpo para atemperarlo a la orientación sexual auto-determinada por el cliente o por la crianza que los padres les fueron dando a sus hijos con anomalías anatómicas. Ahora el DE pretende sustituir el criterio de los padres responsables y hasta promueve la vestimenta transgénero en los menores, bajo el pretexto de no discriminar por género. La teoría de orientación sexual y la de género son fruto de un árbol ponzoñoso, fraudulento y mortal, por lo que todo científico serio debería descartar dicha teoría. Ya es tiempo de que las universidades, escuelas de psicología y los educadores de los sistemas escolares se retracten de ese error.

Otro ejemplo de cómo los propios proponentes utilizan indistintamente género y orientación sexual es la escuela preescolar sueca Egalia,[155] la cual viabiliza la perspectiva de género en todo su currículo controlando los colores, tipos de juguetes y hasta cómo referirse o llamar a cada estudiante, evitando hacer

---

[155] Escuela sueca promueve la igualdad de género con educación neutral, en *Mamá Natural*. http://www.mamanatural.com.mx/2011/12/escuela-sueca-promueve-la-igualdad-de-genero-con-educacion-neutral/

cualquier distinción por sexo. Incluso, en esta se prohíbe usar los pronombres[156] él (*han*) y ella (*hon*), y crearon uno neutral: *hen* o *buddy* (amigo). Usan como pretexto algo que a todos nos simpatiza: que los menores desarrollen una igualdad en su potencial vocacional y el respeto, fuera de toda consideración del sexo de cada estudiante. De pronto, nos parece bien. Sin embargo, la verdad es que la directora del centro admite que el fin último es que los estudiantes puedan escoger su orientación sexual. Según ella, esto ayudará a los niños a sentirse más libres a la hora de elegir su propia orientación sexual: "Es importante que sepan que todos somos seres humanos y que somos libres de ser como queramos ser. Tienen que entender desde pequeños que ser *gay* o lesbiana es algo normal y que no hay nada extraño en ello".[157]

En las escuelas de Massachusetts,[158] como

---

[156] Blakinski, T., "Locura del género": Escuela pre-escolar prohíbe usar los pronombres él y ella. En, http://notifam.com/2011/locura-de-genero-escuela-pre-escolar-sueca-prohibe-el-uso-de-los-pronombres-el-y-ella/
[157] Egalia, la Escuela Infantil feminista (martes, 5 de julio de 2011); en, http://educacion-enrique.blogspot.com/2011/07/egalia-la-escuela-infantil-feminista.html

parte de esta perspectiva de género, fomentan que los estudiantes se vistan de su sexo opuesto sin que sus padres lo sepan, y organizan campamentos de verano en los cuales promueven que los menores vayan vestidos del sexo opuesto al suyo. Además, uno de los libros de educación sexual culmina con una lista de bares y clubes homosexuales donde pueden tener su primera experiencia homosexual (*The Little Black Book - Queer in the 21st Century*).[159] Dicho libro es otro ejemplo de material sexualmente explícito al cual son expuestos los menores, pues contiene fotos explícitas de hombres con sus penes erectos. El libro tiene el subtítulo subliminal *Use me*, que en español sería "úsame", dando la apariencia de que se refiere al uso del condón; pero es un mensaje subliminal al niño para que se deje usar. Algo parecido a la revista de la NAMBLA,[160] *Gayme*

---

[158] Para más información refiérase al http://www.massresistance.org/ ;http://www.massresistance.org/media/video/brainwashing.html

[159] *The Little Black Book-Queer in the 21st Century,* http://www.massresistance.org/docs/issues/black_book/black_book_inside .html

[160] North American Men Boys Lover Association, organización que promueve la pedofilia homosexual.

("homosexualízame"), para menores y sus socios adultos. El libro que se usa en el sistema escolar de Massachusetts es parte de la educación promovida por la Red de Educación Gay, Lésbica y Heterosexual (Gay, Lesbian & Straight Education Network o GLSEN).

En conclusión, no son los oponentes quienes confunden o mezclan el concepto de género con orientación sexual, homosexualidad y género. La naturaleza misma de ambos conceptos y la mentalidad de sus creadores, Money y Kinsey, así como la interpretación puesta en práctica por los ideólogos homosexuales como el transexual Merissa Sherrill Lynn (creador de la Fundación Internacional de Educación de Género), Olga. G. MacKenzie (autora del libro *Transgender Nation*), la Escuela Egalia y lo que acontece con la educación en Massachusetts, es prueba irrefutable de que a los oponentes a la educación de perspectiva de género les asiste la razón.

Si bien Money al principio se limitó a su ámbito en la medicina para explicar el fenómeno de niños con malformaciones genéticas, luego lo extendió para suponer explicaciones a la homosexualidad y sus variantes, así como para explicar la sexología del erotismo.[161] Más tarde, usó sus ideas para ampliar la aceptación de la industria de la pornografía en el mercado, la pedofilia y el incesto. Mientras, su homólogo Kinsey (con sus colaboradores, incluyendo a Money) es quien entonces supone y propone la orientación sexual que está predicado en el sistema de educación sexual para niños, en Puerto Rico y Estados Unidos.[162] Kinsey y Money, fueron los promotores filosóficos de la industria de la pornografía mediante la Academia y el Instituto Kinsey, radicado en la Universidad de Indiana, y el sistema escolar, influenciado por el pensamiento de estos, está enfocado a adiestrar más generaciones de consumo para la industria porno.

D. Autointerés o *self-serving*

Money y Kinsey lograron crearse una imagen

---

[161] Money, *supra*.
[162] Reisman, *supra*, pp. 169-180.

científica en beneficio propio, para normalizar sus propias desviaciones mentales. Sus declaraciones científicas no es otra cosa que un *self-serving*. En el derecho probatorio o de evidencia, la prueba *self-serving* o declaración de auto interés consiste en una declaración hecha para beneficio propio, por lo que carece de confiabilidad. Su único fin es adelantar la causa o alegación del declarante, por lo que la tal declaración es inadmisible ante un tribunal. Ward Farnsworth, decano de la Facultad de Derecho de la Universidad de Texas, con vasta experiencia como estudioso y escritor en materias de Derecho, y como asesor jurídico en el caso Irán-Estados Unidos de América ante el Tribunal de la Haya, discute magistralmente la figura del *self-serving* en su artículo "The Legal Regulation of Self Serving Bias".[163] Él presenta un análisis de esta figura, el cual resulta sumamente relevante y nos facilita exponer sobre el prejuicio o parcialidad de Money y de Kinsey al crear estas viciadas teorías de género y

---

[163]Farnsworth, W. *The Legal Regulation of Self Serving Bias*, 37U, C Davis L Rev. 567,568-570 y 602 (2003)

orientación sexual; para adelantar sus causas personalísimas. Por ende, la falta de confiabilidad en sus pseudoteorías debe ser motivo para que sean excluidas del ámbito jurídico en lo que concierne a la educación para nuestros menores.

Farnswolth señala que las personas cuando creen que algo es cierto se sienten mejor o confortables. Por lo que son más susceptibles para percibir que ese algo es cierto; aunque no lo sea. Esta es la forma más breve o sencilla de describir la predisposición o prejuicio del auto interés o *self-serving*. Es un fenómeno que se puede manifestar de muchas maneras específicas, y el cual ha sido muy bien documentado por los psicólogos conductistas[164]. Farnsworth enumera varias maneras en que se manifiesta el auto interés. Hemos escogido las siguientes dos modalidades por ser altamente pertinentes para entender el *self-serving* de las teorías de Money y de Kinsey:

---

[164] Id.

a) El prejuicio o predisposición en el auto interés se manifiesta cuando la percepción sobre lo que es justo o correcto ha sido alterada de modo inconsciente o involuntario, y se le acomoda de manera que sirva a los intereses de quien percibe la cosa: yo me auto convenzo de que es lo mejor para mí y punto.

b) Otra manera del prejuicio o predisposición del auto interés es cuando se hacen predicciones desviadas; cuando se piensa más en lo que se desea que ocurra, que en aquello menos deseado; o la realidad.

Farnsworth dice que la declaración *self- serving* responde a la tendencia humana común de interpretar el mundo de manera que se ajuste a los intereses y creencias de uno.

Money y Kinsey consideraron que sus particulares prácticas sexuales eran buenas para sus vidas personales y punto, pero era evidente que sus traumas y preferencias chocaban con la realidad científica. Por eso necesitaban un constructo parcializado donde verter sus traumas y conductas para normalizarlas y le dieron un matiz de aparente objetividad. Money y Kinsey interpretaron sus pseudociencias de manera que se ajustasen a los intereses y creencias de ellos. Esto nos explica el porqué de las expresiones y conductas irracionales en estos científicos. Un ejemplo de esto es cuando Money, entre tantas otras manifestaciones irracionales, dijo que:

- El *sexo es la parte sucia y carnal que pertenece a los genitales y la reproducción.*[165]

- "Me pregunto si el mundo fuese mejor para las mujeres si los hombres fueren castrados al nacer".[166]

- "Si yo viese el caso de un niño de diez u once años de edad, intensa y eróticamente atraído hacia un hombre de veinte o

---

[165] Money, *supra.* p. 52.
[166] Colapinto, *supra*, p. 27.

treinta, si la relación fuese totalmente consentida y el vínculo afectivo fuese verdadera y totalmente recíproco [...] en ese caso, yo no lo calificaría como patológico de ningún modo".[167]

Cualquier persona prudente y razonable sabe que los menores no tienen madurez suficiente en esa etapa de su desarrollo y, por ende, no tienen capacidad para consentir. Encontramos la misma tendencia en Kinsey cuando manifiesta lo siguiente:

- Que un depredador sexual no es un monstruo, sino que son los padres, maestros, etc. quienes exageran al inculcar al niño de que no se deje tocar. Porque el niño tiene derecho a disfrutar su sexualidad desde que nacen.

- Que la mujer víctima de violación disfruta que la violen o que olvida fácilmente el evento de la violación.

---

[167] *Paidika: The Journal of Paedophilia*, Vol. II, No. 3 (primavera 1991), p. 5.

- Las prácticas de sexo y masturbaciones aberrantes de la vida íntima de Kinsey, antes descritas, y luego las normaliza o las eleva al rango de algo bueno en la Educación en Salud, que certifica a través de su Instituto.

Tan solo proponer que los niños, sin haber alcanzado su madurez fisiológica, sean estimulados a activarse sexualmente como él ordenaba en sus experimentos a hacerles a criaturas desde los dos meses de nacidas, resulta una propuesta aberrante. Usamos el adjetivo "aberrante" no desde el punto de vista moral, sino de daño a la salud física y emocional que el mismo Kinsey se autoinfligía, así como el daño irreparable en la psiquis y cuerpo de un menor, y que tanto él como Money proponen como algo bueno para la niñez.

Reexaminemos la modalidad de *self-serving*

a) El prejuicio o predisposición en el auto interés se manifiesta cuando la percepción sobre lo que es justo o correcto ha sido alterada de modo inconsciente o involuntaria, y se le acomoda de manera que sirva a los intereses de quien percibe la cosa: yo me auto convenzo de que esto es lo mejor, y es lo mejor para mí y punto.

Como mencionáramos anteriormente, tanto Money como Kinsey recibieron experiencias adversas sobre su sexualidad durante su niñez que alteraron su percepción de lo justo y correcto de manera inconsciente o involuntaria. Tal vez pensaron que eso que les pasó era lo mejor y punto. Si a ellos le pasó en su niñez, una de las maneras de "normalizar" aquellas experiencias es promover a que los demás niños también pasen por eventos sexuales como ellos vivieron.

Kinsey por ejemplo fue abusado por varios compañeros en un sótano. De adulto siguió usando el escenario de sótanos para dar riendas a su forma de masturbarse en estilos dolorosos. Luego concluye que las mujeres que son violadas olvidan fácilmente y lo que en realidad pasaron fue un buen rato. Y que los niños deben ser activados sexualmente desde pequeños.

Reexaminemos la modalidad de *self-serving*

b) Otra manera del prejuicio o predisposición del auto interés es cuando se hacen predicciones desviadas; cuando se piensa más en lo que se desea que ocurra, que en aquello menos deseado, o la realidad.

Las vivencias de su niñez llevaron a Money a sentirse culpable por ser varón, a tal grado que le disgustaban las marcas de la virilidad sexual del hombre, refiriéndose a su pene y testículos, según le confesó a Colapinto.[168] Igualmente le dijo "Me pregunto si el mundo fuese mejor para las mujeres si los hombres fueren castrados al nacer".[169]

---

[168] Colapinto, J., *supra*, pp. 26- 28.
[169] Colapinto, *supra*, p. 27.

Las predicciones desviadas de Money, lo llevaron a pensar que al aplicar su teoría diseñada para niños con malformaciones genéticas, en David Reimer, un niño sano, éste llegaría a ser una mujer como cualquier otra mujer de nacimiento. Su predisposición de que es mejor castrar al varón lo indujo a ese fatal experimento. Lo castró y lo educó bajo su teoría de género. Money informó como exitoso el tal experimento ante la comunidad científica, ocultando su fracaso. Porque él informó lo que el más deseaba que ocurriera, y no la realidad.

De igual forma, las predicciones desviadas de Kinsey, lo indujo a diseñar toda aquel torturante proceso de abusos a los menores que fueron sus conejillos de india. Kinsey pensaba más en lo que deseaba validar, y para ello alteró las alegadas estadísticas e interpretaba sus observaciones, viendo lo que él quería ver, e ignorando la verdad que no deseaba ver.

Farnsworth indica que cuando el self-serving se identifica en las fuentes de conocimiento debe ser preocupante. Porque contamina las predicciones o pronósticos, objetividad de las evaluaciones y juicios. Prolonga los conflictos y es ineficiente. Distorsiona lo que las partes estén litigando y tiene peligrosas consecuencias al juzgarse el asunto en controversia.

Esto explica el giro distorsionado que ha tomado la educación a menores, así como en las decisiones de política pública y en la administración de la justicia, en el siglo 21. El *self-serving* plasmado en las cientificidad de las teorías de género y orientación sexual de Money y Kinsey, respectivamente es la desinformación más crasa y viciada que ha contaminado el pensamiento intelectual de nuestros tiempos. Por lo que debe ser inadmisible en evidencia ante los tribunales todo argumento que se deriva de este árbol ponzoñoso, las llamadas teorías de género y orientación sexual en el campo de la educación a menores.

VII.
La perspectiva de género erradica el crimen de odio: ¿cierto o falso?

A. La desinformación persecutoria

El undécimo elemento de desinformación de la doctora Rodríguez del Toro es la premisa de que la enseñanza de perspectiva de género tiene el propósito de combatir los crímenes de odio en general.

Es de conocimiento público que uno de los recientes crímenes de odio fue el de nueve feligreses cristianos de raza negra —incluyendo hombres, mujeres y el pastor—, ocurrido en junio de 2015 en el estado de Carolina del Sur de Estados Unidos de América. El criminal fue un joven blanco. En julio de 2015, en Tennessee, un musulmán mató a varios *marines* y civiles. En octubre de 2015, en Oregón, un joven relacionado con la ideología de ISIS mató a varios estudiantes y un profesor en un colegio, por ser cristianos. En abril de 2015, en Kenia, varios musulmanes afiliados a Al-Qaeda masacraron a estudiantes cristianos.[170] El móvil de estos crímenes de odio en su modalidad de violencia física, nada tiene que ver con la desigualdad o igualdad entre el hombre y la mujer, entre lo femenino o lo masculino, ni contra algún homosexual o transgénero.

Todo lo antes señalado nos plantea que la educación de perspectiva de género que defiende la doctora Rodríguez del Toro es totalmente irrelevante al crimen de odio. La mejor prueba de esta irrelevancia es su propio discurso. De haber sido cierta su premisa, como perita en género educada bajo esa doctrina, ella sería incapaz de producir un discurso de desinformación persecutoria contra los religiosos para defender la perspectiva de género. El modelo de Johan Candelin[171] explica

---

[170] Joven cristiana se salvó de masacre en Kenia: mataron a los que "no leían como musulmán", https://www.aciprensa.com/noticias/joven-cristiana-que-se-salvo-de-masacre-en-kenia-mataron-a-los-que-no-leian-como-musulman-86642/

[171] *Freedom of Religion or Belief for Everyone*, Stephanus Alliance International (2012), Cap. 4,1 Candelin's Three phases of persecution, pp. 8-9.
http://www.stefanus.no/filestore/Rapporter_notater_blader_etc/FoRBbookl

que la persecución religiosa se va desarrollando gradualmente en tres etapas, a saber:

1. la desinformación persecutoria,

2. la discriminación; y, por último,

3. la persecución violenta.

Para fines de esta disertación nos limitaremos a tratar la primera etapa, en la que incurrió la doctora Rodríguez del Toro. Candelin describe el uso de la desinformación persecutoria como aquellas tácticas de emitir mentiras e imágenes estereotipadas a través de los medios de comunicación, material educacional, y la manera en que políticos y personas en autoridad describen los grupos religiosos. Se fomentan rumores, prejuicios y discursos hostiles en la población, de manera que se vaya generando animosidad contra los religiosos, que justifique eventualmente los actos discriminatorios y la persecución violenta. La etapa intermedia comienza con la exclusión de

et.pdf

los cristianos en los foros públicos; luego se insertan otras modalidades de discrimen y *bullying* (acoso) en las escuelas, universidades, empleos y otros espacios; y luego ocurre la criminalización de la expresión religiosa externa o pública, la represión de la expresión interna o de la conciencia, la agresión, la tortura y la muerte (Johan Candelin). Es de conocimiento general que Hitler no comenzó con la matanza de los judíos de un día para otro. Primero comenzó con un discurso hostil hacia ese sector, inflamando el ánimo de la población con un patrón de desinformación acusatoria, a tal grado que la población avalaba o se hizo indiferente a toda acción criminal y abusiva del Estado contra los judíos.

Es por ello que señalamos nuestra seria preocupación de las retóricas sin fundamento empírico y sin hechos constatables que se vierten en materiales y artículos análogos al de la Universidad Interamericana de Puerto Rico, Escuela de Psicología suscrito por la doctora Rodríguez del Toro, y que ya están circulando en otros primeros centros docentes como parte del material educativo en contra de los religiosos, y en particular contra los cristianos.

Luego los profesionales egresados reproducen esas ideas en el ejercicio de sus respectivas prácticas. De esa manera se filtra esa retórica anticristiana en los materiales escolares del sistema público, adoctrinando así a los menores contra determinadas creencias religiosas. A tenor con la doctrina constitucional de separación de Iglesia y Estado, no es función del Estado promover y tampoco desalentar o inhibir las creencias religiosas. En los próximos tiempos hay que vigilar el desarrollo de la propaganda de género y orientación sexual por parte del Estado, que incida en inhibir las creencias de fe de un individuo o unos grupos y/o que promueva las creencias de otros, ya que la relación homosexual es reclamada como práctica sacramental del templo satánico,[172] y como pecado en otras religiones.

---

[172] http://cnsnews.com/news/article/michael-w-chapman/satanic-temple-gay-marriage-sacrament

Los grupos que promueven el concepto de género, bien pueden plantear sus ideas sobre el asunto, mas cuando recurren a dar riendas a la manifestación de la primera etapa de persecución religiosa hacia determinado grupo, es y resulta sumamente desconcertante. Aquí les hemos expuesto hechos y argumentos no religiosos por los cuales un gran sector de la población, incluyendo religiosos, se oponen a la educación de género. Algunos, en el ejercicio de su libertad de expresión, usan un lenguaje más religioso que otros, conforme a su fe. Aun sus expresiones de fe pueden criticarse desde la arena teológica, científica o sus eventos, pero con pruebas. No con rumores o falsas imputaciones, ni con supuestos estudios de investigaciones por encargo ideológico de activistas homosexuales.

El que se discrepe de unos planteamientos religiosos en asuntos de interés público no es razón para que en la Academia se haga un ataque generalizado y sistemático contra los religiosos. Nuestro Código Penal[173] tipifica como delito de lesa humanidad la persecución, Art. 300 (I), y para efectos del derecho penal, "persecución" es la privación intencional y grave de derechos fundamentales, en contravención del derecho internacional en razón de la identidad del grupo o de la colectividad. La libertad religiosa es un derecho fundamental reconocido en el derecho internacional. Así queda demostrado en documentos como el Art. 18 de la Declaración Universal de Derechos Humano[174]s; Art. 18 del Tratado Internacional de Derechos Civiles y Políticos; la Declaración sobre la eliminación de todas las formas de intolerancia y discriminación fundadas en la religión o las creencias de 1981, así como en el Art. II Sec. 1 de la Constitución del Estado Libre Asociado de Puerto Rico[175]. Por ello es deber de la Academia fomentar la tolerancia que los derechos humanos, la Constitución y el

---

[173] Código Penal de Puerto Rico, Ley Núm. 146 del 30 de julio del 2012.http://www.lexjuris.com/lexlex/Leyes2012/CodigoPenal2012.pdf.p.77
[174] Declaración Universal de Derechos Humanos. http://www.un.org/es/documents/udhr
[175] Constitución del ELA de PR. http://www.lexjuris.com?lexprcont.htm

Código Penal procuran proteger, incluyendo a los grupos cristianos.

B. La victimización de las mujeres y niñas

El duodécimo elemento de desinformación que se esgrime contra los opositores a la educación de género es que el efecto o la intención de los opositores procura la victimización de las mujeres y niñas, u odio hacia las mujeres. En otras jurisdicciones, las mujeres y niñas son víctimas de mutilaciones genitales brutales, son esclavizadas, vendidas, humilladas, agredidas y muertas por el solo hecho de ser mujeres, y aún con más crueldad si se trata de mujeres y niñas cristianas. En Puerto Rico todavía quedan problemas serios contra la mujer, tales como la violencia doméstica; la trata humana; la prostitución; el abuso sexual por parte de delincuentes o incluso familiares que cometen graves crímenes contra la mujer; la inequidad salarial; y el rechazo de la hija ("la chancleta", como algunos le llaman), cuando se desea un hijo varón. Esta última es una modalidad brutal de maltrato emocional que desde hace tiempo afecta la identidad de muchos niños y niñas, pero la Ley Para el Bienestar y la Protección Integral de la Niñez de 2003, según enmendada, no considera. La educación de género les viene como anillo al dedo a quienes repudian el sexo de sus hijos, para ocultar ese tipo de maltrato. Estos padres crueles y maltratadores que rechazan el sexo de su criatura encontrarán apoyo en el sistema escolar, mientras que la víctima será ignorada a causa de la educación de género. Ahora con esta ideología pueden criar una niña como varón y operarla con el aval del Estado. El Estado no solo se hace cómplice de este rechazo hacia una niña o hacia un niño, sino que lo promueve.

La perspectiva de género ha traído otras nuevas modalidades de victimizar a las mujeres y niñas, quienes ahora son obligadas a exponerse a la presencia de varones en los baños públicos. Así las niñas en las escuelas y baños públicos verán "mujeres" orinando con penes, y las chicas tendrán que colocarse sus toallas sanitarias y bañarse en los gimnasios en presencia de varones desconocidos disfrazados de mujeres, o cualquier varón con intenciones criminales, ante la exigencia de ellos de que no se les discrimine por género. Basta con que un varón diga que se siente mujer para que tenga acceso a áreas de privacidad física de niñas. En nuestra cultura, por lo general, a los padres y hermanos varones en la intimidad del hogar se les exige no exhibir sus genitales frente a sus hijas o hermanas, ni que estos vean la desnudez de sus hijas o hermanas. Ahora, por virtud de la perspectiva de género, son expuestas ante varones extraños. No estamos diciendo que un transexual es necesariamente un agresor sexual. Hablamos de hombres no transexuales que son potenciales agresores, y quienes tendrán libre acceso a lugares cerrados donde hay niñas y mujeres, haciendo sus necesidades íntimas.

Recientemente, la Universidad de Toronto decidió cerrar dos de los llamados "baños transgéneros", luego de que dos estudiantes varones fueron sorprendidos en un acto de voyerismo, tomando fotos a las jovencitas mientras estas se bañaban.[176] La Universidad de Toronto fue iluminada sobre el porqué se han establecido baños separados para hombres y mujeres.[177] En la tienda Walmart de Forwlerville (CBS Detroit) un depredador sexual se metió en el baño de damas y allí le ofreció a una menor pagarle $20 para que esta se quitara sus *panties* en su presencia.[178] En un centro comercial en Chicago otro depredador sexual penetró en un baño de damas e intentó estrangular y secuestrar a una niña de 8 años.[179] A estos agresores sexuales no se les puede preguntar su sexo, ni a ningún varón que opte por entrar al baño de damas, de la misma manera que los transgéneros reclaman que no se

---

[176]University Closes Transgender Bathrooms after Peeping Incidents, Oct.9 2015 http://www.mrctv.org/blog/university-dumps-transgender-bathrooms-after-peeping-incidents

[177] University of Toronto Dumps Transgenders Bathrooms after Peeping Incidents dalilywire.com/news/330

[178] Lincoln Park man allegedly try to pay girl to remove pants at Walmart. http://detroit.cbslocal.com/2016/05/13/lincoln-park-man-allegedly-tries-to-pay-girl-to-remove-pants-at-

[179] Police: Man choked 8 Years old girl in South Loop store bathroom. 05/13/2016chicago.suntimes.com

les debe cuestionar su identidad de sexo. Los transgéneros solicitan protección a sus derechos de privacidad porque se sienten incómodos de compartir los baños de los varones. Es decir, se sienten incómodos ante otros cuyo género es distinto al de transgéneros. De la misma manera que las niñas y mujeres también reclaman su privacidad porque se sienten incómodas y afectadas en su privacidad ante la presencia de otros géneros, sean estos varones o transgéneros. Los transgéneros no pueden tener más derechos que los demás.

El ejemplo más claro del disloque de derechos que trae la agenda sexual y el asunto de los baños transgéneros lo ilustra la causa de la renuncia de la feminista y directora del capítulo de American Civil Liberties Union, en adelante (ACLU) en Georgia, Maya Dillard Smith. La ACLU es una de las organizaciones ideólogas más fuertes en defensa de los derechos homosexuales, de la cual Smith había sido una férrea militante. Sus diferencias sobre la filosofía de la ACLU sobre los baños transgéneros, se hicieron más profundas, luego de las carta con las guías emitidas por la administración Obama, el 13 de mayo del 2016[180], imponiendo el uso de los baños transgéneros en inodoros, (excusados, retrete o sanitarios), regaderas o duchas, vestidores y otros compartimientos que siempre han sido separados para varones o damas. Hasta que vivió el detrimental efecto en sus propias hijas en edades de escuela elemental, Smith pudo abrir su mente a la realidad jurídica y social de lo que implica la agenda homosexual. La gota que le colmó la copa fue cuando ella llevó a sus niñas a un baño de damas y entraron tres transgéneros de estatura de seis pies de altos, y con voces varoniles. Obviamente eran hombres. Sus hijas reaccionaron aterradas, temiendo por su seguridad ante el incomprensible encuentro[181].

---

[180] US Department of Justice, May 13 2016, https://www.justice.gov/opa/file/850986/download
[181] " The tipping point for Smith was when she took her 'elementary school age daughters into a women's restroom [and] three transgender young adults over six feet with deep voices entered,' she said in her statement, adding, 'My children were visibly frightened, concerned about their safety and left asking lots of questions.' She said that she, 'like many parents, was ill-prepared to answer' those questions" .Mitchell Shaw, C., Ga. ACLU Director Resigns Over Transgender Bathroom Issue, June5,

Desde el primer día de esta lucha, los opositores a la ideología de "genero" habían advertido que cosas como estas y otras aún más graves habrían de suceder, poniendo en riesgo la dignidad, intimidad e integridad física de nuestras féminas en los baños. Por lo tanto, es una irresponsabilidad imputarles a los opositores de la educación de género que ellos son quienes victimizan a las niñas y mujeres al rechazar dicha filosofía educativa.

No se debe ignorar las prácticas en la subcultura homosexual de utilizar los baños como lugares de citas, encuentros y orgías sexuales. En la jerga homosexual, según Rodgers se le llama *John Cruising–looking for agreeable men in public toilets*[182]. (Juan Crusero-buscador de varones agradables en los inodoros o escusados públicos.) El *wall queen-* (la reina de

---

2016 http://www.thenewamerican.com/culture/education/item/23184-obama-ed-transgenders-may-use-locker-rooms-of-opposite-sex; también en http://www.redstate.com/sweetie15/2016/06/02/leader-georgia-aclu-resigns-transgender-bathroom-encounter/; Megyn Kelly https://www.youtube.com/watch?v=HzNDR4A7_gQ
[182] Rodgers, *supra* p.56. buscando hombres en inodoros, o escusados públicos.

la pared)- es aquel que se encierra en uno de los cubículos de baños públicos por largo tiempo disponible para llevar a cabo sus actos sexuales con quienes lleguen.[183] Rodgers recoge bajo la palabra baños, *baths*[184] definiciones tales como: cuartos o salones de orgias, (*orgy rooms*) cuartos o salones de puercos. (*pig rooms*) También le llaman "fábrica de carne" (*flesh Factory*) y usan baño como sinónimo de iglesia (*syn. church*). Este lenguaje recoge los patrones de valores y conducta homosexual. Donde para algunos su idolatría por el sexo es su religión; y asocian un baño con un lugar de adoración, como lo es la iglesia.

Como pueden ver la imputación que hace Rodríguez del Toro contra los opositores, como los victimarios de las mujeres y niñas, no es correcta. Por el contrario, los opositores de la ideología del "genero" tienen razones constatables para defenderlas ante esa filosofía genérica, y activismo sexual que nos alcanza

---

[183] Id. p.208
[184] Id, p.28

hasta en los baños.

La controversia de los baños se erradicaría si se eliminan los baños comunes; así se pueda servir en igualdad de condiciones a todas las partes. Se debe reglamentar para establecer baños totalmente individuales, con excepción de baños para personas que necesiten asistencia, como impedidos y menores de tierna edad, que garantice la privacidad y accesos seguros para toda persona, sin importar si es niña, mujer, niño, hombre, transgénero, o como sienta clasificarse. Así protegemos igualmente a nuestros hijos varones, de los depredadores que pululan por los baños. Después de todo, nadie necesita un "corillo" para hacer sus necesidades más personalísimas y privadas. Quienes deseen tener relaciones sexuales o hacer exposiciones de sus genitales o masturbaciones en público que se vayan a otros negocios propios de su interés o comunidad sexual.

De esa misma manera, en que se acusa injustamente a los opositores de la filosofía de género de victimizar a las mujeres y niñas, la doctora Rodríguez del Toro reproduce meros rumores emitidos por otros colegas suyos, también activistas, en los que les imputan serias agresiones físicas contra homosexuales a los "fundamentalistas" religiosos opositores. Si los comentarios se referían a las agresiones de ISIS, que los matan grotescamente, debió ser más específica. Pero lo cierto es que, sin aportar ninguna prueba de querella policíaca, administrativa, judicial o estadísticas constatables, ella enfila sus acusaciones contra los cristianos, en particular contra los Católicos que se expresaron en el periódico El Visitante. No obstante, dejamos claro que condenamos cualquier agresión contra todo ser humano, sea homosexual, no homosexual, religioso, no religioso, etc. Igualmente, condenamos todo rumor de acusaciones falsas, que no es otra cosa que una de las viejas tácticas de *dezinformatsia*, creada por los estrategas políticos en regímenes totalitarios.

VIII.

Recomendaciones, resumen y conclusiones

En esta disertación hemos indicado "[sic]" al lado de la palabra homofóbico, para llamar la atención sobre un término incorrecto en su semántica que ha sido insertado como parte de la jerga homosexual, y ha sido aceptado como correcto. Lo mismo sucede con la palabra homofobia. Ya es tiempo de corregir el término homofobia. Homo, entre sus acepciones, "se refiere a la especie humana", por lo que homofobia sería miedo u odio al ser humano. Homo también significa "hombre". Lo correcto y aceptado es homófobo[185]; sin embargo, lo lógico entonces sería homosexualfobia, para referirse a la fobia hacia los homosexuales.

En todo lo que hemos planteado en este escrito, el único caso homofóbico [sic] u homófobo sería la vivencia de la fobia que

---

[185] http://dle.rae.es/?id=KbWmlPX

desarrolló Money en su niñez, cuando describe la aversión o fobia al homo (al hombre), es decir a su padre, y la que desarrolló hacia sus propios genitales de varón. También sería homofóbica una dama que siente aversión, miedo u odio hacia el hombre, como es el caso del grupo SCUM antes mencionado. La otra acepción de homo es "igual", por lo que homofobia sería fobia a lo igual.

Por lo general, la gente puede sentir algún temor o precaución hacia personas extrañas, ajenas a su entorno, cultura, raza o color, por mencionar algunas, mientras que se sienten más cómodos o en más confianza entre sus pares o iguales. Ese estado de comodidad con sus iguales nada tiene que ver con la atracción sexual.

El término "heterosexual" comúnmente utilizado para referirse a la atracción o relación hombre-mujer, y aceptado como correcto, hay que repensarlo ante la involución del concepto de sexo en los seres humanos, según el modelo de sexo animalista de Kinsey, donde no hay heterosexuales. "Hetero" significa diferente, diferentes ideas o cosas; por lo que en pura semántica y refiriéndose a la conducta sexual, puede tratarse de una diversidad de posibilidades, sexo con elementos diferentes, como humanos con robots, con objetos, múltiples parejas, bestialismo, etc. Pero en realidad la relación de ambos sexos es única en su clase y supera la etiqueta de heterosexual. Los ideólogos homosexuales como Kinsey enfatizan que la clasificación de heterosexual como la relación pura entre sexos opuestos, es inexistente o cero en la escala de Kinsey. La clasificación heterosexual resulta degradante y criminal para el sistema homoerótico del *Manifiesto homosexual* de Michael Swift. Para Money es algo sucio, refiriéndose a la parte carnal y reproductiva del ser, y para los movimientos de educación de género, la heterosexualidad es producto de una sociedad bipolar y enferma.

Sin embargo, no hay que ser un científico para saber que la relación humana que perpetúa la especie y la nación es la relación sexual de hombre con mujer. Esto es lo que debemos transmitir a nuestros hijos, sin interferencia del Estado.

Por último, pero no menos importante, necesitamos concienciarnos de lo que es un grave problema de comunicación que viene sembrándose como parte de las tácticas de desinformación. Nos referimos al hecho de que llamen fobia, odio y hasta trastorno mental al mero hecho de discrepar o no aceptar una idea o conducta determinada. De igual manera, se pretende inferir que para amar o aceptar a una persona, hay que aceptar conductas y estilos de vida con las cuales no se esté de acuerdo. No obstante, si usted quiere leer un mensaje de odio hacia la humanidad, hacia los niños y hacia la familia, lea el *Manifiesto homosexual*, de Michael Swift, publicado en 1987,[186] el cual es repudiado incluso por muchos homosexuales. Entre las metas de dicha agenda se proponen sodomizar y

[186]Michael Swift, *The Gay Revolutionary* (*Manifiesto homosexual*) publicado por primera vez en *Gay Community News*, febrero 15 al 21 de 1987.

educar a los menores para que les adoren; abolir la familia; cerrar toda iglesia que se les oponga; y eliminar de toda posición de influencia a todo "cerdo heterosexual" que no abrace su "homoerotismo" [sic][187], o sea la práctica homosexual como sistema, y que persistan en la heterosexualidad serán procesados criminalmente.

Dicho manifiesto no es un cántico de sirenas ni una mera expresión literaria mal interpretada como han hecho creer; es una amenaza real que se ha ido cumpliendo. Los psicólogos de ideología homosexual pretenden establecer como desorden mental la homofobia y la heterosexualidad, para así poder declarar incompetente a todo aquel que persista en rechazar la homosexualidad. Tanto es así que hoy nos tienen debatiendo su cosmovisión de imponer un sistema "homoerótico" y usan como subterfugio la introducción de la

---

[187] La construcción de homoerotismo, es la frase que usan para referirse a la atracción sexual entre homosexuales, sin embargo en pura semántica implica erotismo con el homosapiens, con lo igual u homogéneo. Es decir, patrones idénticos de erotismo.

perspectiva de género en el sistema escolar.

En resumen, no se sostiene el argumento principal del artículo publicado por la Universidad Interamericana suscrito por la doctora Vivian Rodríguez del Toro, de que los grupos fundamentalistas religiosos, ignorantes, misóginos y homosexualfóbicos, mediante tácticas de desinformación, "han expresado ataques despiadados e irracionales en contra de género" y, por consiguiente, en contra de la mujer. Tampoco se sostiene su acusación de que estos grupos oponentes sufren de miedos irrazonables, fobias o neurosis colectivas.

Igualmente, no tiene fundamento su alegación de que los grupos opositores pretenden despojar a la mujer de los derechos alcanzados por medio de la perspectiva de género, ni sus acusaciones de que esos grupos religiosos fomentan la violencia contra la mujer y hasta cometen otros crímenes de odio en Puerto Rico. Todos estos argumentos los presenta sin prueba alguna que justifique su posición. Por el contrario, les hemos ilustrado cómo el concepto de género invisibiliza a la mujer, es perjudicial, deshumanizante y ofensivo para la niñez; es un genocidio paulatino para la raza humana, por lo que recomendamos que se elimine. En su lugar, debería fomentarse la sana convivencia entre niñas y niños, el respeto al derecho de ambos sexos, y denominarse como Educación para la igual oportunidad por sexo o Educación para la igual oportunidad para mujeres y hombres.

El tema de la homosexualidad no es materia para que menores piensen y practiquen al respecto, como parte de su currículo escolar. Es un asunto muy complejo y propio de atenderse a niveles universitarios con estudios objetivos e investigadores imparciales, libres de presiones de los activistas sexuales, y mentes enfermas como sucedió en el caso de Money y Kinsey. Ambas teorías experimentales deben ser erradicadas del sistema escolar.

Debemos dejar claro que la libertad de expresión es sagrada para todos los bandos, tanto para la doctora Rodríguez del Toro, los activistas sexuales y homosexuales, los religiosos y los no religiosos. Si un grupo en la palestra pública quiere expresar hostilidad verbal hacia los religiosos o hacia los homosexuales, ambas expresiones como regla general están protegidas[188] y de igual forma, las expresiones en pro y en contra de la enseñanza de género. Sin embargo, distinguimos que cuando se trata de unas manifestaciones profesionales en los altos centros docentes del país, bajo el palio de cierta cientificidad, se espera un rigor elevado de fundamentos que se puedan corroborar y validar con hechos o datos observables que nos conduzcan a la verdad. Distinto es el caso de la expresión de la literatura general universitaria que puede explorar la ficción, la licencia poética, elaborar la mentira, los prejuicios, la subjetividad, la demagogia, etc.

Lamentablemente, la psicología ha caído en la demagogia, en la subjetividad, en la falacia,

---

[188] Volokh, Eugene, The Supreme Court, 9-0, on student organizations, "freedom to express 'the thought that we hate'", *The Washington Post*, Oct.13 2015, https://www.washingtonpost.com/news/volokh-conspiracy/wp/2015/10/13/the-supreme-court-9-0-on-student-organizations-freedom-to-express-the-thought-that-we-hate/

y eso sí hay que denunciarlo, combatirlo y corregirlo porque pone en riesgo la vida humana.

Esto se ha visto en casos como el de los niños Reimer, y más reciente en el de la paciente Jewel Shuping,[189] quien había nacido con la vista normal, pero quiso ser ciega. Esta fue ayudada por un psicólogo, quien le aplicó unas gotas de un poderoso destapa caños que la dejó completamente invidente, y el daño fue tal que hasta le tuvieron que remover un ojo. La mujer cree que debió haber nacido ciega y se identifica con los no videntes. Por eso, para "curarla" en aras de hacerla feliz, la psicología aplicada fue la de mutilar su cuerpo; o sea, el mismo tratamiento que la psicología aplica a la persona que cree que debió ser del sexo opuesto.

Para la psicología, la mente está bien, lo que hay que cambiar son las facultades físicas o

---

[189]Se aplica químico en los ojos para quedar ciega, en Telemundo Chicago, por Telemundo local, 6 de octubre del 2015. En, http://www.telemundochicago.com/noticias/destacados/Queria-ser-ciega-y-se-aplico-liquido-destapacanos-en-los-ojos-jewel-shuping-330893482.html

anatómicas. La tendencia de la psicología contemporánea les lleva a concluir que el determinismo biológico hizo a la señora Shuping una mujer con una vista sana, y si ella no quiere ver o si ella interpretaba que la facultad de la visión le hacía sufrir, ¿por qué condenarla a ver? Después de todo, ¡la biología qué importa! Este también es el postulado principal del concepto de género. La biología no importa.

En este libro hemos confrontado el asunto fuera de todo análisis de contenido religioso. Hemos demostrado con hechos reales y múltiples referencias generales y de la Academia, que hay base razonable más allá de toda duda para rechazar la educación "género" y, por consiguiente, rechazar los elementos de desinformación plasmados en artículos y materiales que gozan de prestigio intelectual en las universidades.

En conclusión, el origen e intención del concepto género nada tuvo que ver con el feminismo, como falsamente han reclamado los proponentes. El concepto fue creado como parte de otra mala praxis de la psicología aplicada a la medicina, el fatal experimento de Money. La visión animalista y errónea de la sexología humana por parte de investigadores inescrupulosos y criminales como Kinsey, ha sido otra terrible mala práctica con matiz de ciencia. Las tales teorías son una lamentable proyección de las emociones lastimadas y conductas peculiares de sus creadores. Asunto que la academia pasó por alto, contribuyendo así al serio disloque en la política pública, y en las decisiones judiciales.

Además, demostramos los vínculos explícitos que hay entre la educación de género y la agenda homosexual, citando los escritos y discursos hechos por los mismos homosexuales y algunos de los teóricos proponentes de la educación de perspectiva de género.

Aunque nuestra posición de rechazo a la educación de perspectiva de género concurre con los oponentes religiosos, hemos disertado sin entrar en contenido teológico. Lo hemos hecho con evidencias y argumentos con las respectivas citas de fuentes de referencias, de manera que cualquier lector puede corroborar nuestra posición. Y que también pueda ver que esto no se trata de una lucha dirigida contra los religiosos, tal como la doctora Rodríguez del Toro quiere proyectar en la mente de sus lectores, sino que la enseñanza de género atenta contra el mejor bienestar de los menores, y contra el derecho de los padres, madres y la familia. Es decir, contra el derecho natural y humano de estos; el derecho a propiciar las mejores condiciones a sus hijos para que puedan alcanzar el máximo desarrollo de las capacidades físicas, emocionales y espirituales de manera integral, coherente y costo efectivo.

Todo lo antes expuesto demuestra que la postura de los opositores, más allá de las consideraciones de fe religiosa que una facción de ellos legítimamente manifiesta, no responde a un miedo irracional o a una neurosis colectiva o a la ignorancia, sino por el contrario, existen razones muy válidas y lógicas para rechazar la enseñanza de género a los niños. Esto, por la naturaleza de lo que trata el tema de género, la forma y manera en que el Estado pretende imponerse, ya que violenta los procesos democráticos y transgrede los derechos no delegados a éste.

Por ende, denunciamos su intromisión indebida en la vida familiar y en la libertad de conciencia. La legítima obligación y preocupación de la ciudadanía es y deberá ser siempre procurar el mejor bienestar y protección de la niñez. Con los niños no se puede jugar a la improvisación de ideas ni de experimentos sociales, sobre la base de psicologías tan confusas que fueron creadas para manejar unas anormalidades fisiológicas que inciden en el sexo del individuo, tal como lo prueban los fracasados y fraudulentos estudios de Money y Kinsey. Si los adultos quieren vivir estilos de vida confusos o maravillosos, están en todo su derecho de escoger, pero no tienen derecho a proyectar sus particulares teoremas, traumas, preferencias, filosofías y otras ilusiones, fantasías sexuales o creencias de que tiene dos espíritus o que practican un sacramento satánico (según ha reclamado el Templo Satánico), en los hijos de los demás.

Una vez demostrado con datos objetivos y debidamente documentados lo que es en realidad este asunto de género, quedó al descubierto un serio prejuicio hacia el derecho de expresión de los sectores religiosos. Los grupos proponentes, en y fuera de Puerto Rico, utilizan la desinformación y han tomado como chivo expiatorio a los cristianos para desviar la opinión pública de lo que en verdad es la intención de la perspectiva de género.

La educación de perspectiva de género propone que nuestros niños y niñas dejen de ser quienes son, y que ni siquiera sepan quiénes son. Esto es absurdo en el desarrollo de la personalidad y es todo lo contrario al discurso de *Operación igualdad*, de Ernesto Ramos Antonini, a quien citamos en la apertura y ahora cerramos nuestro trabajo con: "Sabemos quiénes somos y de dónde venimos... Pero, ¿a dónde vamos? Para saber a dónde se va hay que tener primero la voluntad y la determinación **de seguir siendo quien se es**. De otro modo, el que llega es otro... Si es que llega alguien. Quien deja de ser, no llega". (Énfasis suplido).

¡Queremos que nuestros niños lleguen!

Las autoras

La licenciada Myrna Y. López Peña obtuvo su juris doctor (magna cum laude) de la Facultad de Derecho de la Universidad Interamericana de Puerto Rico. Hizo su maestría en Derecho en la Pontificia Universidad Católica de Puerto Rico. Fue reconocida como la Procuradora del Año del Departamento de Justicia en 1998, por el caso de la niña secuestrada Crystal Leann Anzaldi, en virtud del cual el Negociado de Investigaciones Especiales (NIE) del Departamento de Justicia de Puerto Rico obtuvo la medalla *Missing Children* del Congreso de Estados Unidos. Ha sido la única procuradora nombrada como miembro honorario de dicho cuerpo. Fue nominada al Premio Manuel A. Pérez por el Departamento de Justicia en 1998. Su labor voluntaria en favor de la niñez y la familia le fue reconocida con el premio *Good Samaritan* para Latinoamérica, por la organización Advocates International, en la quinta Convocación Global en Washington DC en 2008.

La doctora Cynthia A. Berríos Reyes obtuvo su doctorado en Filosofía con especialidad en Psicología Académica-Investigativa con calificaciones sobresalientes en 1997, en el Departamento de Psicología de la Universidad de Puerto Rico, Recinto de Río Piedras. Cuenta con vasta experiencia en la docencia. Trabajó en dicho Departamento enseñando cursos de Introducción a la Psicología Historia de la Psicología y Metodología de la Investigación en Psicología. También en la Escuela de Psicología de la Universidad Interamericana, Recinto Metropolitano, enseñó cursos de Metodología de la Investigación en Psicología, Historia de la Psicología, Seminario de Investigación y Supervisión de Práctica Clínica. En el año 2000, el Centro de Excelencia Académica la Universidad de Puerto Rico, Recinto de Río Piedras, le reconoció como Profesora Distinguida. Fue reconocida también en 2009 como Women of the Year por la organización

Madison Who's Who y el Hall of Fame Member. Es miembro vitalicio de Madison Who's Who y Cambridge Who's Who Executives, Professionals & Entrepreneurs, así como de la Asociación de Ex Alumni de la Universidad de Puerto Rico.

La doctora Berríos Reyes fue pionera en Puerto Rico en el uso de la terapia asistida por mascotas, combinada con las terapias tradicionales y alternas en el tratamiento de diversos desórdenes emocionales en poblaciones diversas y de todas las edades. Ha trabajado como evaluadora de programas, consultora en psicología, conferencista, comentarista radial y escritora para periódicos y revistas locales sobre temas de salud mental.

www.ingramcontent.com/pod-product-compliance
Lightning Source LLC
Chambersburg PA
CBHW071347280526
45787CB00001B/242

* 9 7 8 1 5 3 4 8 6 0 9 2 6 *